AF500901

VIE

DE

NT JOSSE

ERMITE ET PATRON DU PONTHIEU

Suivie de son

RINAGE A SAINT-JOSSE-SUR-MER

PAR

M. L'ABBÉ ROBITAILLE

Chanoine titulaire de la Cathédrale d'Arras

Missionnaire apostolique

ARRAS

TYPOGRAPHIE ROUSSEAU-LEROY

26, rue Saint-Maurice.

1867

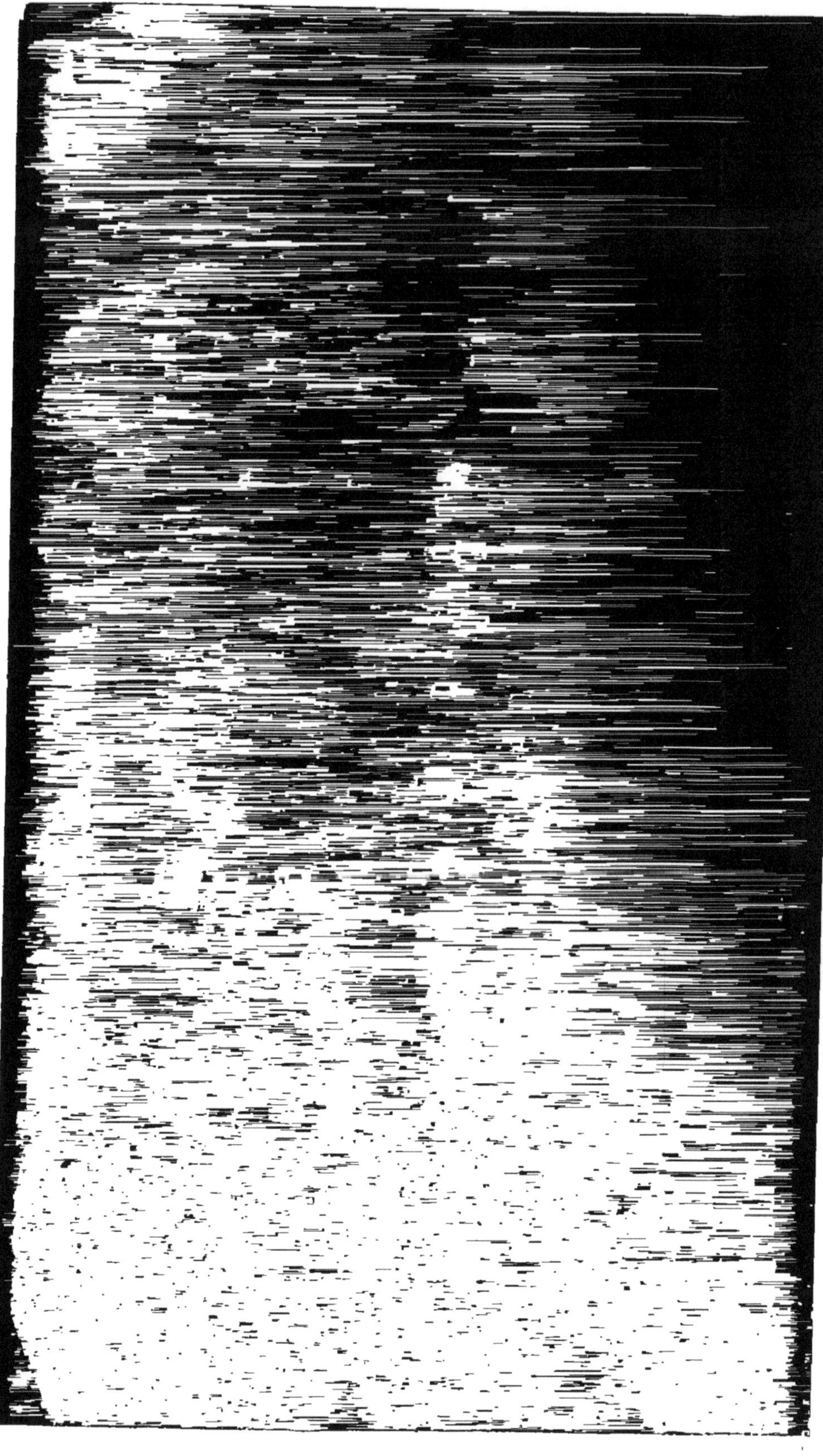

VIE

DE

SAINT JOSSE

IMPRIMATUR :

Atrebati, die 22 Maii 1867.

† J.-B.-J.,

Episcopus Atrebatensis, Boloniensis et Audomarensis.

VIE
DE
SAINT JOSSE

PRÊTRE ET PATRON DU PONTHIEU

Suivie de son

PÈLERINAGE A SAINT-JOSSE-SUR-MER

PAR

M. L'ABBÉ ROBITAILLE
Chanoine titulaire de la Cathédrale d'Arras
Missionnaire apostolique

ARRAS
TYPOGRAPHIE ROUSSEAU-LEROY
26, rue Saint-Maurice.

1867

Saint Josse, abandonnant les grandeurs de ce monde,
S'acquit dans les déserts la grandeur sans seconde ;
Et si depuis sa mort on l'invoque en ce lieu,
C'est que, mort à soi-même, il n'y vécut qu'en Dieu.

Cette lithographie qui représente saint Josse est, d'après les antiquaires, le plus ancien portrait et le plus ressemblant que l'on ait de lui. Tout est noble et gracieux dans sa pose et dans sa physionomie; et lorsqu'on l'étudie attentivement, on y trouve l'abrégé de la vie du saint solitaire.

Les traits de sa figure accusent un jeune homme de 24 ou 25 ans; et c'est précisément à cet âge que Josse quitta le palais du roi, son frère, pour fuir le trône qu'il lui offrait, et mener une vie errante au sein des forêts. Le chapeau breton qu'il porte sur la tête, révèle sa patrie, tandis que le manteau royal qui couvre ses épaules, rappelle sa naissance princière. Il a la chaussure et le bourdon du pèlerin, parce que ce fut sous l'habit de pèlerin qu'il sortit du monastère de Lammailmon pour n'être pas reconnu des siens. La couronne et le sceptre que l'on voit sous ses pieds symbolisent d'une manière frappante son mépris du monde et de ses grandeurs.

Il tient dans la main gauche et suspendue à une écharpe un reliquaire, ou une riche cassette contenant des reliques de saint Pierre et de saint Paul, présent magnifique qu'il reçut du souverain pontife, Martin Ier, et auquel il attachait tant de prix, qu'il voulut le porter lui-même depuis Rome jusqu'à son ermitage de Saint-Josse-sur-Mer.

Au bas du portrait, on aperçoit une mitre abbatiale, insigne de sa dignité, et qui prouve qu'à l'époque où il fut fait, on donnait à saint Josse le titre d'abbé. On pourrait dire que l'usage de porter la mitre pour les abbés ne remonte pas jusqu'au VIIe siècle, et que les auteurs du portrait ont commis un anachronisme. En admettant cette accusation, que nous ne voulons pas discuter, on conviendra du moins que la croyance d'alors était favorable à l'opinion qui fait de saint Josse un véritable abbé; opinion que partagent, entre autres, les auteurs du *Gallia Christiana* (V° *Sancti Judoci sup. mare.*, t. IX) et le nouveau propre du diocèse d'Arras. M. l'abbé Parenty, de son côté, dit, dans sa savante monographie de l'abbaye de Saint-Josse, « que le Saint s'associa quelques disciples pour vivre en communauté, que l'un d'eux se nommait Wormarius, et qu'il avait parmi ses religieux deux neveux : Winoc et Ornoch ». On peut encore invoquer l'autorité de plusieurs manuscrits parmi lesquels, il faut compter celui du frère Humetz, procureur de l'abbaye de Dommartin en 1768, où il est dit que saint Josse avait adopté la règle de saint Benoît[1]. Ainsi, malgré le sentiment contraire de Mgr Abelly dans sa Vie du Saint, on peut croire que c'est avec raison qu'on donne à saint Josse le nom d'abbé.

A l'arrière plan on aperçoit une haute tour au pied de laquelle est bâtie l'église du monastère, et dans le lointain l'humble chapelle de l'ermitage si cher au pieux solitaire du Ponthieu.

Enfin, un nimbe, aux formes du moyen-âge, illumine sa tête, et complète la série des attributs symboliques de notre Saint.

[1] Nous devons la communication de ce précieux manuscrit à M. l'abbé Robert, curé de Fouquières-lez-Lens, qui l'a mis à notre disposition avec un empressement dont nous sommes très-touché.

PRÉFACE.

Les circonstances paraissent favorables pour offrir à la piété des fidèles un nouvel essai sur la vie et le culte du saint patron du Ponthieu. Le goût des pèlerinages et la dévotion aux lieux devenus célèbres par l'éclat des miracles des serviteurs de Dieu, ou par les faveurs répandues sur ceux qui les y invoquent, prennent chaque jour un développement vraiment prodigieux, dans un siècle où la foi s'affaiblit au foyer domestique, comme au sein des masses.

Le diocèse d'Arras, en particulier, se fait

remarquer, à ce point de vue, de la manière la plus consolante pour des cœurs catholiques: Boulogne, Saint-Omer, Arras, Amettes et plusieurs autres localités ont été témoins de ces démonstrations religieuses qui rappellent les plus beaux temps du moyen-âge. Même foule, même ardeur, même enthousiasme, même recueillement, même piété chez les pèlerins. On avait dit que ce zèle ne se soutiendrait pas; qu'il suffirait de deux ou trois années pour le voir diminuer et périr. On s'est trompé. Le temps n'ôte rien de leur attrait à ces fêtes populaires. Plus elles se répètent, plus on les aime. On les rétablit dans les paroisses où elles avaient cessé depuis longtemps; ailleurs, on les célèbre avec plus de pompe; on ressuscite les anciens usages; on fait des appels nouveaux au zèle des habitants, qui partout y répondent avec un admirable entrain.

Parmi les villages où se produit ce mouvement religieux, on doit surtout citer celui de Saint-Josse-sur-Mer. Son pèlerinage est un des plus anciens et des plus considérables de nos contrées. Il remonte par des traditions non interrompues et par une chaîne de témoignages les plus respectables, jusqu'au milieu du VIIe siècle. Dès le commencement du siècle suivant, la cellule, ou l'ermitage du prince breton, s'était transformée en hospice pour les pèlerins qui venaient, des pays les plus éloignés, lui présenter les hommages de leur vénération et de leur confiance. Les grands comme le peuple se pressaient autour de sa dépouille mortelle. Charlemagne lui-même, vers l'an 797, se prosternait au pied du tombeau du thaumaturge du Ponthieu, et donnait au célèbre Alcuin cet asile béni qu'il dotait de grands biens.

La Révolution seule avec ses fureurs put arrêter l'élan des populations chrétiennes. Mais les jours mauvais étaient à peine écoulés, que déjà les peuples reprenaient le chemin de la demeure du saint solitaire, pour renouveler auprès de ses restes sacrés leur dévouement et leur amour. Depuis quelques années, ce pèlerinage a pris des proportions presque fabuleuses, au point de réunir en un seul jour plus de dix mille personnes appartenant à toutes les classes de la société.

A l'aspect d'un si touchant spectacle, on s'est demandé s'il n'était pas convenable d'entretenir, d'augmenter même, s'il est possible, la dévotion à ce grand Saint, en offrant au public le récit édifiant de sa vie, de ses miracles et de son culte. Le zélé pasteur qui dirige actuellement cette paroisse en avait surtout un vif désir. Mais comment le réaliser ? D'un côté, les exemplaires de la Vie du Saint, par Mgr Abelly, évêque de Rodez, réimprimée à Abbeville en 1814, et à Montreuil en 1851, sont maintenant très-rares ; de l'autre, le style en a vieilli ; il contient des faits étrangers à notre Saint, et ne saurait nous instruire de ce qui s'est passé depuis deux cents ans, relativement à son culte. Il fallait donc adopter l'idée de refaire l'histoire de saint Josse en faveur des pèlerins ; de lui donner assez d'étendue pour la rendre intéressante, et néanmoins de la restreindre dans des limites qui permissent à tout le monde de la lire et de se la procurer à peu de frais. Plaise à Dieu que ce but soit atteint par le modeste livre que nous venons de composer à la prière de M. l'abbé Boigelot, curé de Saint-Josse !

Les faits de la vie du prince breton reposent sur des témoignages authentiques. Les *Origines de l'Histoire de France* nous révèlent son pays et sa famille. Les *Annales Générales des VIII*e *et IX*e *siècles* en font souvent mention. On trouve son nom dans les martyrologes les plus anciens. En 1015, Florent, abbé de Saint-Josse, en écrit la vie, rapportée par Surius, et sur laquelle est calquée la légende la plus autorisée du monastère, avec de légères variantes qui n'ont aucune importance historique. Vincent de Beauvais en parle assez longuement dans son *Miroir historique*, vers l'an 1240, et assure que tout ce qu'il dit est extrait des actes de sa vie. Pierre, *de Natalibus* (*Vie des Saints*),

1.

1533 ; Jacques Méyer (*Annales de Flandre*), 1550 ; Jean Molanus, 1563 ; Laurent Surius, 1569 ; Belforest (*Description de la Bretagne armorique*), 1575, parlent de saint Josse d'après les écrivains qui les ont précédés.

Pascal Robin, seigneur de Faux, a fait, vers l'an 1578, la Vie de ce Saint sur les légendes françaises et latines de l'abbaye de Saint-Josse de Ponches et de celle de Saint-Martin en Ponthieu. Mgr Abelly dit que cette Vie est précieuse surtout au point de vue chronologique.

César Baronius, dans ses annotations au *Martyrologe romain* et dans ses *Annales*, année 653, fait une mention toute particulière du saint ermite.

Nous passons sous silence un grand nombre d'auteurs dont les témoignages sont tous conformes à ceux qu'on vient de lire, pour signaler en particulier Mgr Étienne Moreau, d'abord abbé et comte de Saint-Josse, puis évêque d'Arras, qui a recueilli les Mémoires des abbés ses prédécesseurs sur la vie de saint Josse. C'est sur ces Mémoires, faits avec soin, et qui corrigent les erreurs diverses dans lesquelles sont tombés quelques-uns des historiens précédents, que Mgr l'évêque de Rodez a composé la Vie de saint Josse, que nous prendrons nous-même pour guide dans tous les faits antérieurs à l'époque où il a écrit.

Ce coup d'œil rapide jeté sur les autorités invoquées à l'appui des actes de la vie de saint Josse, montre qu'elle est véritablement historique et qu'elle n'a rien à craindre de la critique même la plus sévère, dans ce qu'elle a de fondamental. Cette considération est de nature à réjouir le cœur de ses serviteurs fidèles et à les confirmer dans leur filiale confiance.

VIE

DE SAINT JOSSE.

CHAPITRE PREMIER.

Depuis sa naissance jusqu'à sa fuite de la maison paternelle.

Saint Josse naquit en 593, dans cette partie des Gaules qui s'appelait anciennement *Armorique* et qu'on nomma plus tard *Bretagne*, lorsque les armées bretonnes, sous la conduite de Conan, en prirent possession, vers l'année 383.

Son père Juthael, était chef de cette province, et portait, selon plusieurs auteurs, le titre de roi. Il avait épousé Prithelle, fille de l'un des principaux seigneurs de la contrée, et il eut d'elle quatorze fils et six filles, auxquels il sut inspirer par ses exemples, plus encore que par ses soins assidus, l'amour de la vertu et la pratique de la piété chrétienne.

Prithelle rivalisait de zèle avec son pieux époux; en sorte que le foyer domestique ressemblait bien mieux à l'une de ces communautés si ferventes et si nombreuses des premiers siècles de l'Église qu'à la cour d'un prince puissant, dont les successeurs surent tenir tête à plusieurs rois de France. Aussi, la famille marchait avec constance dans l'accomplissement des préceptes et même dans la voie de la perfection évangélique; et plusieurs de ses membres moururent en odeur de sainteté.

Josse, qui était le second fils de Juthael, se distingua parmi ses frères et sœurs par une piété plus tendre, par un mépris plus profond pour le monde et par un désir plus ardent de son salut. Outre les précieuses leçons de sa mère, qui l'affectionnait particulièrement à cause de son innocence et de son touchant dévouement à ses devoirs, il avait reçu une éducation soignée dans le monastère de Lammailmon, voisin de la résidence royale, où il passa une partie considérable de sa jeunesse, et puisa avec les connaissances humaines un goût décidé pour la solitude et la vie anachorétique. On comprend que, de retour dans la maison paternelle, le jeune Josse eut une grande influence sur la conduite de ceux au milieu desquels il vivait, et qui ne pouvaient ignorer les sentiments dont il était animé. Il s'en servit pour les porter de plus en plus au service de Dieu et leur inspirer l'éloignement de toutes les jouissances mondaines. C'était là comme une initiation à l'apostolat auquel le ciel l'appelait, et qui montrait les desseins de la Providence sur cet enfant de bénédiction.

Toutefois cette divine vocation eut à subir une épreuve délicate, qui fût devenue pour une vertu moins forte un écueil où elle se serait brisée. Le roi Juthael, son père, venait de mourir, après avoir gouverné ses états avec autant de gloire que de sagesse pendant de longues années, et la couronne revenait de droit à Judichael, l'aîné de ses enfants, prince doué de toutes les qualités de l'esprit et du cœur, et déjà justement apprécié par les populations à la tête desquelles sa naissance le plaçait.

Mais la mort de son père avait fait sur lui

une profonde impression. Frappé, d'un côté, de la fragilité des grandeurs humaines, de l'autre, redoutant les dangers qu'il aurait à courir pour son âme, en s'asseyant sur le trône, il prit la résolution d'offrir à son frère Josse le souverain pouvoir et le pressa vivement de l'accepter. Rien de plus touchant que les considérations qu'il fit valoir pour le déterminer à se rendre à ses vœux : « Vous avez, lui dit-il, une haute vertu, solidement établie par une longue pratique ; elle vous prémunira contre la séduction des plaisirs et les efforts des passions ; vos lumières vous feront découvrir les piéges dont les honneurs de la terre sont environnés, en même temps que votre mépris du monde vous rendra inaccessible aux flatteries des courtisans. Vous trouverez, de plus, dans la connaissance que vous avez acquise, auprès de notre père, des obligations d'un roi, les moyens de régner avec sagesse et modération, et de rendre heureux les peuples soumis à votre autorité. Pour moi, continua-t-il, je suis loin d'avoir la piété dont vous êtes un parfait modèle ; ma vie s'est écoulée dans les amusements frivoles, et bien que je sente en moi la volonté ferme de me conduire selon les règles de l'Évangile, je crains ma faiblesse et tout me dit que j'en deviendrai la victime, si je demeure dans ce rang élevé où il est si facile de se perdre. Je vous en conjure donc, rendez-vous à mes instances ; prenez la couronne dont le poids m'accable et conservez-la pour la gloire de notre race et pour le bonheur de notre nation. » Il l'embrasse ensuite et attend sa réponse avec une espérance mêlée d'anxiété.

Cette ouverture inattendue de Judichael jeta Josse dans une espèce de stupeur qui le retint quelque temps en silence. Revenu de son étonnement, il essaya de détourner son frère d'un pareil projet, et fit valoir les motifs les plus graves, invoquant tour à tour l'ordre naturel de succession, la volonté du roi, leur père, qui se consolait à la mort par la pensée de revivre en son fils aîné, son expérience, ses talents pour le gouverment d'un royaume, l'intérêt de ses sujets et, enfin, les craintes même qu'il exprimait à la vue de ses obligations, qu'on ne remplit jamais mieux que lorsqu'on les redoute davantage.

Mais, voyant que ces considérations puissantes n'ébranlaient pas la résolution de son frère, et qu'il le pressait de plus en plus vivement d'accepter le trône, Josse lui fit observer que, dans une affaire de cette importance, il y aurait témérité de prendre une détermination immédiate ; qu'il le priait de lui donner du temps pour réfléchir devant Dieu et s'entourer de toutes les lumières dont il avait besoin pour ne pas faire fausse route.

Ayant à grande peine obtenu un délai de huit jours, il se retira au monastère de Lammailmon, où il avait fait ses études, et y passa tout ce temps en prière, demandant instamment à Dieu de connaître sa volonté, et le courage de la suivre, lorsqu'il la connaîtrait.

C'était pour le jeune prince une épreuve délicate. Il s'agissait d'une couronne, c'est-à-dire de ce que la terre peut offrir de gloire et de jouissance. Cette couronne, il ne la recherchait pas ; elle s'offrait à lui, de manière à ce qu'il pût croire que le ciel lui-même avait préparé les voies à son élévation, et qu'il résistait aux vues de la Providence, en ne l'acceptant pas. Une âme moins énergique et moins détachée des créatures, aurait regardé les sollicitations de Judichael comme l'expression de la volonté divine, et eût accepté la royauté. Mais Josse ne se laissa pas éblouir par l'éclat des honneurs. Il vit dans une haute position sociale des dangers auxquels il est difficile d'échapper ; un fardeau qu'on ne porte qu'en s'imposant de nombreux et pénibles sacrifices ; un écueil contre lequel se brisent souvent les plus mâles vertus. Et plein de ces pensées qui lui découvraient la vanité des choses créées et le prix des biens d'une vie meilleure, il voulut se soustraire aux instances de son frère, et quitta le royaume en secret, avant que personne ne sût pénétrer son dessein.

Avait-il, dès lors, un projet arrêté d'embrasser la vie religieuse dans un monastère, où voulait-il s'ensevelir dans un désert, se faire ermite, solitaire ou apôtre? C'est ce qu'on ignore ; et il est probable que, pressé de fuir ce qu'il envisageait comme un péril imminent pour son salut, il n'avait formé pour l'avenir aucun projet définitif.

Le bruit de sa fuite se répandit bientôt dans toute la contrée, et quand on en connut la cause, il n'y eut qu'un sentiment général d'admiration et de regret. Le roi surtout en fut profondément affecté, non-seulement parcequ'il perdait tout espoir d'abdiquer en sa faveur, mais parce qu'il se voyait privé d'un frère qu'il aimait tendrement et dont les conseils lui manqueraient désormais dans l'administration de ses peuples.

Ses regrets augmentèrent, lorsque les tentatives qu'il fit auprès de Winoc, son second frère, pour l'engager à prendre la couronne, n'eurent pas un résultat plus heureux, et n'aboutirent qu'à le déterminer à quitter aussi sa patrie, à l'exemple de Josse, et à venir s'enfermer avec trois de ses compagnons dans le monastère de Sitiü, que saint Bertin dirigeait avec tant de sagesse [1].

Judichael, ne pouvant se décharger des soins de la royauté sur ses autres frères,

[1] Winoc fit de tels progrès dans la pratique de toutes les vertus, qu'il fut élu abbé de Wormhout, où il mourut en 717. L'Église l'a mis au nombre des saints, et le martyrologe fixe sa fête au 7 novembre. Sa mémoire est en vénération dans tout le pays, surtout à Bergues où reposent ses restes et dont il est le patron. On croit que ses trois compagnons sont aussi morts en odeur de sainteté. (Voir Abelly).

trop jeunes pour en remplir les devoirs, prit résolument en main les rênes du gouvernement, avec d'autant plus de confiance qu'il voyait les desseins de Dieu dans les infructueux essais qu'il avait faits pour s'en débarrasser. Il régna avec gloire et rendit son peuple heureux. Les historiens disent qu'il sut maintenir les droits de sa couronne contre les prétentions de Dagobert, roi de France, mais que toujours poursuivis par la pensée de renoncer aux honneurs, il déposa la couronne royale devant les états généraux de Bretagne, qu'il avait réunis à cette fin, et se fit religieux dans l'abbaye de Saint-Meen-de-Gael où il vécut et mourut en saint. On lit son nom dans le martyrologe romain le 16 décembre, et l'on rapporte un grand nombre de miracles opérés à son tombeau.

CHAPITRE DEUXIÈME.

Depuis la fuite de saint Josse jusqu'à son arrivée à Saint-Josse-sur-Mer.

Les huit jours de retraite que Josse passa dans le monastère de Lammailmon ne firent que le confirmer dans la résolution de rejeter les offres de son frère, et d'éviter à tout prix le fardeau de la royauté. Craignant de nouvelles instances, il forma le projet de ne pas retourner au palais, mais de quitter secrètement le pays pour se mettre à l'abri de tout danger. La Providence lui en fournit une occasion très-favorable. Des pèlerins, allant à Rome, passèrent par le couvent où il s'était retiré ; Josse les accompagna jusqu'à Paris, vêtu lui-même en pèlerin, pour n'être pas reconnu, et s'arrêta dans cette ville, laissant ses compagnons continuer leur voyage.

Le premier but que notre saint voulait atteindre était réalisé ; désormais, il n'avait plus à craindre les dignités humaines. Mais que faire loin de sa famille et de son pays pour se conformer aux desseins de Dieu? Peut-être était-il encore dans le doute à cet égard, et les données de l'histoire ne sont pas assez certaines pour nous éclairer sur ce point. Mgr Abelly, évêque de Rodez, pense qu'à son arrivée à Paris le saint jeune homme fixa sa demeure dans un hôpital ; l'auteur du Martyrologe de l'Église gallicane, l'illustre évêque de Toul, s'appuyant sur une tradition très-ancienne et très-respectable, croit que l'église paroissiale de Saint-Josse fut construite sur l'emplacement de cet hôpital, et que c'est cette circonstance qui l'a fait mettre sous le vocable du Saint de Bretagne. Dans la manuscrit du frère Jacques Humetz, religieux et procureur de l'abbaye de Dommartin en 1768, on lit que cette église très-ancienne était située rue *Brie-Bouché*.

Une tradition non moins ancienne, et non moins respectable, nous apprend que saint

Fiacre, fils d'Eugène IV, roi d'Écosse, sortant lui aussi secrètement de son pays, presqu'en même temps que saint Josse, logea dans ce même hôpital, avant de se rendre auprès de saint Faron, évêque de Meaux. Ce rapprochement est vraiment remarquable. Saint Fiacre et saint Josse, en effet, étaient tous deux fils de rois : tous deux ont fui leur patrie pour ne pas se laisser imposer le fardeau de la royauté ; tous deux ont méprisé les honneurs, les richesses et les jouissances de la terre pour mener une vie pauvre, humble et ignorée du monde ; tous deux ont pratiqué les plus héroïques vertus, et opéré de nombreux miracles qui leur ont mérité la confiance des fidèles et les hommages de l'Église universelle.

Si l'on en croit l'auteur du manuscrit dont nous venons de parler, qui invoque en faveur de son opinion le *Gallia Christiana*, Malbrancq et plusieurs chroniqueurs, Josse entra dans l'état ecclésiastique et reçut la prêtrise pendant le séjour qu'il fit à Paris. On peut croire, ainsi que le constate le bréviaire de Prémontré, qu'il s'était de bonne heure livré aux études sérieuses (*adhuc puer datur ad studia*) et qu'il se trouvait préparé à la réception des saints Ordres.

Mgr Abelly et plusieurs écrivains expriment un sentiment contraire, et veulent que notre Saint se soit fait prêtre au moment où il résidait au château du comte Haymon. M. Parenty, actuellement vicaire général d'Arras, adopte cette opinion dans ses *Recherches sur l'Abbaye de Saint-Josse-sur-Mer*, imprimée dans la *Gazette de Flandre et d'Artois*, ainsi que l'auteur des *Vies des Saints du diocèse de Beauvais ;* et en cela ils sont d'accord avec le Propre du diocèse d'Arras. Pour prononcer entre ces deux légendes, il faudrait avoir des documents dont nous manquons : nous laissons donc à l'avenir la solution de ce problème historique, qui n'a, d'ailleurs, qu'une importance minime.

Notre Saint, se sentant de plus en plus pressé d'embrasser la vie solitaire, quitta Paris avec le dessein de se fixer dans un désert ignoré du monde, où, loin du bruit, il pourrait se livrer aux douceurs de la contemplation, et suivre son attrait pour l'exercice de la pénitence. Il s'arrêta dans une province de Picardie, appelée Ponthieu (*Pon-*

tinium) qui, selon plusieurs auteurs, tire son nom de *Pontus* (mer) parce qu'elle est située sur le bord de la mer ; ou, selon d'autres, d'un endroit du Crécy, appelé Ponches (*Pontiniacum*), une des anciennes pairies de ce comté. Haymon, seigneur de Ponches, était comte de Ponthieu et gouvernait cette province au nom du roi, lorsque Josse arriva dans le pays.

Ce gouverneur était connu dans toute la contrée par sa bienfaisance envers les pauvres et par son éminente piété ; le prince breton n'hésita pas de s'adresser à lui pour le prier de lui désigner dans les immenses forêts qui couvraient ce territoire un lieu désert où il pourrait servir Dieu dans une profonde solitude. Haymon le reçut avec une grande bonté ; et remarquant sur le visage du jeune homme un je ne sais quoi de touchant et d'extraordinaire, malgré la pauvreté de ses vêtements, il promit de lui accorder tout ce qu'il lui demanderait. Mais en attendant qu'on pût trouver un endroit propre à la réalisation de ses vues, il le força de demeurer dans son château, où il lui fit construire un petit appartement ou plutôt une cellule dans la partie la plus retirée, pour que rien ne pût troubler son recueillement et son amour pour le silence et la prière.

Josse y vécut sept ans dans la pratique de toutes les vertus ; et c'est pendant ce temps, en admettant l'opinion d'Abelly et d'un grand nombre d'autres historiens, qu'il fut promu aux Ordres sacrés et reçut la prêtrise des mains de l'évêque d'Amiens.

Le comte Haymon, admirant de plus en plus la haute sainteté du jeune étranger auquel il donnait l'hospitalité, conçut pour lui une affection tendre mêlée d'une estime qu'il ne pouvait s'empêcher de lui témoigner en toutes rencontres, au point qu'il voulut qu'il tînt sur les fonts baptismaux un fils que la Providence venait de lui donner, persuadé qu'un tel parrain attirerait sur lui les plus abondantes bénédictions du ciel. Ses espérances se réalisèrent, car cet enfant, nommé *Ursin* dans l'histoire, fut un modèle de vertu, et foulant aux pieds les avantages de sa naissance et les grandeurs humaines, il embrassa la vie religieuse, et devint un fervent et saint religieux.

Cependant Josse se disait souvent qu'il

n'avait pas abandonné le palais de ses pères pour habiter un autre palais. Sa vie, sans doute, était à l'abri des agitations du monde ; elle s'écoulait calme et tranquille dans l'exercice de toutes les vertus chrétiennes, et dans les douces jouissances de la piété, mais Dieu, selon lui, demandait quelque chose de plus ; il voulait qu'aucun lien, même le plus innocent et le plus légitime, ne l'attachât à la créature. Il ouvrit son cœur au duc Haymon, qui, malgré la douleur d'une séparation cruelle, consentit à le laisser s'éloigner du château, dans la crainte de s'opposer à la volonté divine qui se manifestait d'une manière si sensible.

Le jour du départ étant fixé, Haymon voulut accompagner le Saint et lui venir en aide dans la recherche d'un lieu où il pourrait résider au sein des bois immenses de la contrée. Ils marchèrent longtemps et s'arrêtèrent en un endroit nommé *Brahic* (Braicum), que le père Malbrancq et d'autres chroniqueurs croient être celui où était situé le prieuré de Bancourt, près de la rivière d'Authie et de la forêt de Labroye, à l'extrémité de ce village, du côté de Raye. On voit ici, dit l'auteur du manuscrit cité plus haut, l'origine du prieuré de Bancourt, appartenant aux Bénédictins de Marmoutiers. Haymon, en effet, y fit construire une cellule et une petite chapelle où le Saint pût célébrer le saint sacrifice de la messe, à l'aide d'un jeune homme, nommé *Vulmar,* qui voulut devenir son disciple, et tendre, sous sa conduite, à la perfection de la vie solitaire.

Josse mena dans ce désert une vie véritablement angélique, dont l'ennemi du salut tenta vainement de troubler les délicieuses jouissances. Sa vigilance continuelle le mettait à l'abri de toute surprise, mais le jeûne, l'oraison et la mortification des sens étaient les armes avec lesquelles il repoussait ses assauts répétés. Alors il comprit plus que jamais la vérité de cette parole du Sauveur : « Celui qui quittera sa maison, ses frères, ses sœurs, son père, sa mère et ses biens par amour pour moi, recevra le centuple dès cette vie, et la gloire éternelle dans l'autre ».

Dieu se montra libéral à l'égard de celui dont le dévouement n'avait pas de bornes. Non-seulement il fit couler dans son âme un fleuve de délices, mais il voulut opérer en sa faveur de grands et nombreux miracles. Les historiens de sa vie nous assurent que les oiseaux du ciel et les bêtes qui habitaient la forêt obéissaient à ses ordres et lui témoignaient en leur manière un profond respect. Ils rapportent en particulier un prodige que l'on ne peut passer sous silence, parce qu'il est une nouvelle preuve des soins de la Providence à l'égard de ceux qui abandonnent tout pour servir Dieu. Un jour, un pauvre se présentant à la porte de son ermitage pour demander l'aumône, le Saint lui fit donner le quart d'un pain qui lui restait. Quelques instants après, un second pauvre non moins pressé par la faim, vint se recommander à sa charité, et Josse ordonne à son disciple de lui donner une égale portion de pain. Ce second pauvre est incontinent suivi d'un troisième, qui reçoit à son tour une semblable aumône ; enfin un quatrième paraît auquel le Saint fait donner le reste du pain. Cette manière d'agir parut à Vulmar un excès de charité ; et, malgré sa vénération pour son maître, il ne put s'empêcher de l'accuser d'imprévoyance et de témérité en se privant ainsi de ce qui était nécessaire à leur subsistance.

Mais, au moment même, il vit paraître sur l'Authie quatre petites barques, qui s'arrêtèrent devant l'ermitage où elles semblaient vouloir aborder. Il s'en approcha, et fut bien étonné de les trouver chargées de vivres et de ne voir ni pilote ni conducteur pour les diriger sur la rivière. Le Saint auquel il vint raconter cet événement ne manqua pas de lui faire remarquer la faute qu'il avait commise, en se défiant de la Providence dont il pouvait admirer la tendre sollicitude pour ceux qui se confient en elle. Puis, il lui dit de ne réserver de ces provisions que le strict nécessaire, et de distribuer le reste aux pauvres des lieux voisins.

Le bruit des vertus et des miracles de saint Josse se répandit bientôt dans les environs, et attira à son ermitage une foule de visiteurs qui troublaient sa vie contemplative et alarmaient sa modestie. Il résolut de se dérober à ces importunités, en quittant sa retraite pour s'enfoncer plus avant dans la forêt et chercher un endroit inconnu de tous, afin d'y vivre sous l'œil de Dieu seul.

Il crut pourtant devoir s'en ouvrir au comte Haymon, qui continuait de lui porter le plus vif intérêt, et de prendre ses conseils pour le choix de ce désert.

Il se fixa dans un endroit appelé *Rimacus*, selon Malbrancq, à une lieue de Raye et qui prit le nom de Dommartin, parce que le comte Haymon y fit construire un oratoire ou plutôt une église, que Josse dédia à saint Martin de Tours (*Domus Martini*). C'est maintenant le village de Saint-Josse-au-Bois, *ubi modo villa Sancti Judoci in Nemore* (*Gallia christiana*), endroit tenant au bois de Douriez, vers Gouy-Saint-André.

Le manuscrit de 1768 dit que ce lieu devint une paroisse et le chef-lieu d'un fief considérable sur lequel était bâti un château à proximité de l'église. Cette église de Dommartin et de Tortefontaine à la fois fut déservie par les religieux de Marmoutiers. Il ajoute que saint Josse établit encore un ermitage à *Rumæ* (*Rumanus*), plaine située entre Dommartin et Gouy, près de la chaussée romaine de Reims à Boulogne. Cet ermitage subsista jusqu'en 1121, que les ermites changèrent cette solitude en abbaye de l'ordre de Prémontré dont Milon, l'un d'entre eux, fut nommé premier abbé par saint Norbert, fondateur de cet Ordre. Cette abbaye fut transférée à Dommartin en 1160, et dans l'emplacement de cette antique solitude il existe maintenant quatre fermes, dites de Saint-Josse-au-Bois. Ces diverses résidences du saint anachorète, dans lesquelles il prêchait la religion bien plus encore par ses exemples que par ses paroles, le firent regarder comme l'apôtre de la contrée, en fondant, ainsi que le dit M. Harbaville [1] des oratoires à Labroye, à Dommartin, à Douriez et à Raye, où sa mémoire et son culte se conservèrent à travers les siècles.

Ce serait se hasarder de vouloir fixer le temps que Josse demeura dans les divers ermitages dont on vient de parler ; ni l'histoire, ni les traditions ne nous offrent rien de certain à cet égard. Ce qui paraît assez généralement admis, c'est qu'il avait 25 ans, lorsqu'il abandonna le palais de ses pères pour se rendre à Paris, avec la pensée d'embrasser la vie solitaire, et de fuir les grandeurs hu-

[1] *Mémorial historique*, etc., t. II, p. 162.

maines auxquelles sa naissance l'appelait. On pense aussi qu'il en avait plus de 50, quand il vint habiter la solitude de Saint-Josse-sur-Mer. En ce cas, il aurait passé plus de trente ans tant dans la capitale de la France, que dans le château du duc de Ponthieu et dans les ermitages dont il a été question. Voici ce que Monseigeur de Rodez écrit à ce sujet : « En l'année 618 Judichael fut couronné roi en la place de son père, et saint Josse, son frère, se retira dans le Ponthieu, au château du comte Haymon, où il demeura sept ans, durant lesquels il prit les ordres.

« En l'année 625, il se retira dans son premier ermitage, où il demeura 7 ou 8 ans.

« En l'année 633, pour éviter les fréquentes visites qu'on lui faisait, il quitta ce premier ermitage, et se retira en un autre, où il demeura 14 ans.

« En l'année 645, le roi Judichaël fit la paix avec le roi Dagobert, et ensuite se démit volontairement de son royaume pour se faire religieux.

« En l'année 647, Josse quitta ce second ermitage pour la même raison qu'il avait laissé le premier, et choisit une troisième demeure dans la solitude, où il resta plus de deux ans, avant d'aller à Rome.

« En l'année 650, il fut à Rome, âgé d'environ 57 ans, et en partit la même année pour s'en retourner en son troisième ermitage où il passa le reste de sa vie, et où il mourut en l'année 653, âgé d'environ 60 ans. »

Mais ce qui n'est pas douteux, c'est qu'il pratiqua partout les plus sublimes vertus et répandit autour de lui la bonne odeur de Jésus-Christ ; c'est que plus il s'étudiait à cacher aux yeux des hommes les trésors de grâces dont son âme était enrichie, plus Dieu se plaisait à faire éclater son mérite, en lui communiquant le don des miracles. Les historiens en signalent particulièrement deux opérés dans sa dernière solitude. Le Saint nourrissait un coq dont le chant lui servait de règle dans les prières, les veilles et la psalmodie pendant la nuit. Un jour qu'un aigle, passant au-dessus de l'ermitage, menaçait de s'abattre sur l'innocent animal, le saint fit le signe de la croix, et le roi des airs tomba roide mort à ses pieds. Un autre jour, un serpent venimeux lui fit au pied une piqûre qui devait lui donner la mort ; mais il en ressentit à peine une légère douleur, qui se calma bientôt à sa prière, sans que désormais il courût aucun risque de la part de ces dangereux reptiles.

Ces miracles firent grand bruit, et bientôt le Saint fut assiégé de visiteurs avides de connaître un thaumaturge dont la réputation de vertu s'étendait au loin ; en sorte qu'il se voyait aussi troublé dans sa dernière retraite que dans ses ermitages précédents. Toujours conduit par le désir de se cacher au monde, il résolut de quitter le lieu qu'il habitait, d'en chercher un plus solitaire, et, s'il était possible, inaccessible aux hommes.

Dans ce but, il s'enfonça dans la forêt, et s'arrêta dans un sombre vallon que l'ancien Propre du diocèse d'Arras appelle *Runiac* (Runiacum), situé sur la rive de la rivière de Canche, vers l'Océan. La légende du Propre nouveau ne s'éloigne pas de cette version. On y voit, en effet, qu'après avoir passé treize ans à Rumac, Josse se retira dans une autre solitude, située vers l'Océan, où il éleva lui-même de ses propres mains deux oratoires en bois.

CHAPITRE TROISIÈME.

Depuis sa retraite à Saint-Josse-sur-Mer jusqu'à sa mort.

Ce ne fut pas sans un dessein particulier de la Providence que Josse fit choix de cette affreuse solitude. Elle voulait que ce lieu devînt célèbre par un éclatant miracle opéré par le Saint en faveur du comte Haymon, son bienfaiteur, et dont tous les siècles garderaient le souvenir.

A la suite d'une chasse, où il avait essuyé d'horribles fatigues, ce seigneur s'était forcément arrêté dans un lieu aride et désert, épuisé de forces, et pressé par une soif dévorante. Descendu de cheval, il demeurait couché sur la terre, sans espoir de secours, lorsque notre Saint survint par hasard et le trouva dans un si pitoyable état, qu'il crut pouvoir intéresser le ciel en sa faveur, et lui demander des prodiges. Plein de confiance en Dieu, il frappa la terre de son bâton de pèlerin, et il en fit aussitôt jaillir deux fontaines, ou plutôt une fontaine, dit Abelly, dont les eaux s'écoulèrent par deux issues ; l'une servit à étancher la soif du comte de Ponthieu et de ceux de sa suite, et l'autre à abreuver ses chiens qui n'étaient pas moins altérés que les hommes. De là, le nom de fontaine aux *chrétiens* et de fontaine aux *chiens*, qui s'est conservé jusqu'à nos jours, comme on le verra dans la suite.

C'est à quelque distance de là que se trouve la petite vallée déserte que Josse choisit pour sa demeure. A son arrivée, il prédit qu'il mourrait dans ce lieu ; que son corps y reposerait pendant plusieurs siècles, et répéta ces paroles du roi prophète : « Voici le lieu de mon repos dans les siècles des siècles. *Hæc requies mea in sæculum sæculi.* » Prophétie qui se réalisa et se réalise encore chaque jour sous nos yeux, non sans une intervention miraculeuse du Dieu qui veille sur les os des saints, selon le langage des divines

Écritures. Il y bâtit un ermitage et deux oratoires qu'il dédia l'un à saint Pierre et l'autre à saint Paul, auxquels il avait une dévotion toute particulière.

Il était depuis peu de temps dans cette solitude, lorsqu'il se sentit pressé de faire le voyage de Rome pour visiter le tombeau des saints Apôtres, à l'exemple de la plupart des missionnaires, des prêtres et des évêques de ce siècle. On aimait alors à retremper sa foi à la source même de ces eaux pures qui jaillissent pour la vie éternelle. On voulait recevoir la bénédiction apostolique de la main même du successeur de Pierre, et prendre ses conseils pour se diriger dans les voies du salut. On ne sera donc pas étonné de voir notre Saint s'acheminer vers la Ville éternelle, pour arroser de ses larmes les lieux illustrés par le martyre des saints Pierre et Paul, et offrir au vénéré chef de l'Église le tribut de son respect et de sa soumission. Qu'il y ait été appelé par le Pape lui-même, comme certains historiens l'ont avancé, il est difficile de le croire, parce qu'on ne voit pas le motif qui aurait pu déterminer le souverain Pontife à mander le Saint près de sa personne sacrée, et que, du reste, Martin Ier, qui occupait alors le Siége apostolique, fut trop peu de temps à Rome pour donner au Saint l'ordre d'y venir.

Bien que l'époque de ce voyage ne soit pas relatée dans l'histoire, on a la certitude néanmoins qu'il eut lieu en 650, ou à la fin de 649, c'est-à-dire pendant l'espace de temps que Martin Ier resta dans Rome. Or, ce Pape n'y demeura, dit Abelly, que depuis le 1er juillet 649, jusqu'au 10 juin 650; d'où il suit, continue-t-il, que saint Josse n'a pu s'entretenir, comme il l'a fait, avec le courageux Pontife, que durant cet intervalle.

A peine arrivé dans la ville des saints Apôtres, le pieux pèlerin courut se jeter aux pieds du successeur de Pierre. Il fut reçu avec une tendresse toute paternelle qui fit sur son cœur une douce et profonde impression. La vue de ce Pape si cruellement persécuté, mais si fortement attaché à la vraie doctrine, si patient dans les injures auxquelles il était en butte, et si vigoureux dans la défense de l'enseignement de l'Église, excita dans son âme un sentiment d'admiration qu'il conserva toute sa vie. Martin, de son côté, comprit bientôt la sainteté et le mérite du solitaire du Ponthieu, dont la renommée, du reste, avait publié les vertus, et trouva dans les délicieux entretiens qu'il eut avec lui une heureuse diversion aux souffrances que lui causaient les périls de la foi.

Il eût désiré, dit un ancien auteur, le conserver près de lui, tant il avait été touché de ses éminentes qualités ; mais il craignit de s'opposer à la volonté de Dieu, qui semblait rappeler son serviteur dans le désert où il devait opérer tant de merveilles, et jeter les fondements d'une abbaye devenue célèbre dans le cours des siècles. Il lui permit donc de retourner à son ermitage, après l'avoir béni avec effusion, et comblé des faveurs les plus signalées. Entre autres, il lui donna, comme on l'a vu, une riche cassette en forme de châsse, dans laquelle il avait mis lui-même plusieurs reliques très-précieuses, parmi lesquelles se trouvaient deux parcelles des ossements de saint Pierre et de saint Paul. Mgr Abelly refuse de croire que le Pape ait accordé ces deux dernières reliques, parce qu'on en donnait rarement, même aux plus grandes églises. Mais on peut penser que l'estime que Martin Ier avait conçue pour notre Saint lui permit de faire une exception en sa faveur. On sait, d'ailleurs, que, depuis la mort de saint Grégoire le Grand, les souverains Pontifes se montrèrent plus disposés à accueillir la demande de semblables reliques.

Josse reçut ce présent avec un profond respect mêlé d'une vive reconnaissance. A la joie de posséder cet inestimable trésor se joignait le touchant souvenir des bontés de l'auguste Pontife de qui il le tenait. Aussi, voulut-il rapporter lui-même ce reliquaire depuis Rome jusqu'à son ermitage, sans s'en séparer un seul instant, trop heureux de se voir chargé de ce noble fardeau. On pense qu'il le tenait suspendu à l'aide d'une écharpe, qu'on voit sur plusieurs de ses portraits, et que l'on a quelquefois prise par erreur pour un baudrier.

Le Saint quitta Rome, le cœur rempli sans doute de douces émotions, mais non sans éprouver une douleur amère de s'éloigner d'une ville où se réunit tout ce qu'il y a de plus grand, de plus précieux et de plus touchant dans la religion, et d'un saint Pape sur le point de recevoir la couronne du martyre, qui l'avait accueilli avec une affection toute paternelle. Il revint par la France, et, si l'on en croit quelques historiens, il eut la pensée de ne pas retourner dans le Ponthieu, où il souffrait de se voir l'objet de l'empressement d'une foule de personnes qui n'ignoraient ni sa vertu ni son pouvoir miraculeux ; mais de se dérober entièrement au monde, en s'enfonçant dans le désert le plus inconnu. Ce doute cependant se dissipa bientôt, lorsqu'il se rappela le conseil que le saint Pape lui avait donné de retourner dans sa solitude ; et il reprit le chemin de son ermitage, ayant soin de prévenir le comte Haymon de son arrivée prochaine et du précieux trésor qu'il tenait du chef vénéré de l'Église.

Pendant son absence, ce seigneur, aussi libéral que pieux et dévoué au serviteur de Dieu, avait remplacé les deux modestes oratoires en bois, élevés par Josse, par une belle chapelle que le Saint dédia plus tard à saint Martin de Tours, en mémoire de Martin Ier, dont il n'oublia jamais les éminentes vertus, et que le comte, de son côté, dota de riches revenus.

La nouvelle du retour du saint solitaire répandit une vive allégresse dans toute la contrée. La population entière alla à sa rencontre ; c'était un père qui revenait au milieu de ses enfants et leur rapportait les bénédictions du ciel avec celles du souverain Pontife. L'on vit bientôt, en effet, que Dieu continuait de favoriser son serviteur du don des miracles. Une jeune personne, aveugle de naissance, nommée Juliule que les uns croient être la fille du seigneur d'Airon, les autres du gouverneur même du Ponthieu, s'était fait conduire sur le chemin que le Saint devait suivre pour se rendre à son ermitage, avec l'espoir de recouvrer la vue par son intercession. Son espérance ne fut pas trompée. Le Saint n'eut pas plutôt adressé sa prière à Dieu, et approché des yeux de la jeune personne le reliquaire qu'il rapportait de Rome, qu'ils s'ouvrirent à la lumière, au grand étonnement des nombreux témoins de cet éclatant prodige.

Ce miracle n'est pas raconté de la même manière par tous les auteurs de la Vie de saint Josse, mais il est impossible de révoquer en doute son authenticité, constatée par les historiens et par la tradition la plus universelle et la plus constante [1]. Selon Abelly, le miracle opéré dans cette circonstance est d'autant plus extraordinaire, que la jeune personne n'était pas seulement aveugle de naissance, mais qu'elle n'avait pas même d'yeux ni aucun des organes de la vue, qui parurent uniquement au moment où le miracle s'accomplissait.

Quoi qu'il en soit, le fait eut lieu sur une petite colline, nommée *Bavemont*, située sur le territoire du village d'Airon, à 4 kilomètres de Saint-Josse-sur-Mer, où l'on planta une grande croix en pierre pour conserver la mémoire de ce merveilleux prodige. Cette croix devint immédiatement, et dans la suite des siècles, un but de pèlerinage très-fréquenté ; mais, comme il n'y avait rien pour abriter les pèlerins contre les injures de l'air, on la transporta près de l'ermitage de saint Josse, afin de remédier à cet inconvénient. Elle existe encore aujourd'hui sous le nom de *Croix coupée*, qu'elle porte depuis une époque très-reculée, où des malfaiteurs en ont abattu la partie supérieure, que l'on

[1] *Gallia christiana* (x. 1290).

remplaça par une petite croix en fer, scellée dans le tronc de pierre du monument primitif; et la tradition nous apprend que c'est par forme d'amende honorable que la foule se porte en masse chaque année vers le lieu où s'est commise cette profanation sacrilége, ainsi que nous le dirons plus loin.

Malgré la translation de la croix à Saint-Josse, dit Mgr Abelly, la dévotion des peuples les entraînait toujours vers *Bavemont*, endroit où le miracle s'était opéré; et pour la favoriser, les religieux avaient coutume d'y aller tous les ans en procession, le mercredi des Quatre-Temps de la Pentecôte; ils y étaient suivis par une foule immense, avide de témoigner sa confiance et sa vénération au thaumaturge du Ponthieu; et pour ce motif, le chemin de l'abbaye à cette montagne de Bavemont s'appelle le chemin du *Corps-Saint*.

Depuis la Révolution, cette procession se fait le mardi de la Pentecôte, au lieu du mercredi, pour éviter les infractions à la loi de l'abstinence, et ne pas trop prolonger les jours de solennités religieuses. Revenons à notre Saint.

Après avoir opéré le miracle dont nous venons de parler, Josse continua sa route vers son ermitage, et se vit bientôt en face de plusieurs ecclésiastiques, accompagnés du comte Haymon et d'autres seigneurs du pays qui venaient lui témoigner la joie qu'ils éprouvaient de son retour. Ce pieux empressement fit une douce et profonde impression sur l'âme du saint solitaire, qui ne manqua pas d'y répondre par des paroles d'affectueuse tendresse. On se remit ensuite en marche, en chantant des cantiques d'action de grâces, et l'ont parvint bientôt à la magnifique chapelle bâtie par le comte, où saint Josse déposa les précieuses reliques qu'il rapportait de Rome, avec toute la pompe qu'il put déployer, et consacra ce beau sanctuaire à saint Martin de Tours, ainsi qu'il a été dit.

A quelque temps de là, il fit abattre le bois dont il était environné, afin d'en rendre l'abord plus facile aux fidèles qui venaient le visiter, et d'assainir la demeure de ceux qui le desservaient.

Le précieux reliquaire donné par le pape Martin Ier à saint Josse, et l'écharpe qui servit à le porter pendant son voyage demeurèrent dans cette chapelle jusqu'en 1614, que l'abbé de Dommartin, chargé par l'évêque d'Amiens de replacer les reliques dans la châsse d'où on les avait ôtées momentanément pour la restaurer, les transporta dans son abbaye, ne laissant dans l'église de l'ermitage que quelques morceaux de l'écharpe. C'était encore le temps où l'on se permettait sans aucun scrupule ces *pieux larcins*, ainsi qu'on les appelait.

L'histoire a gardé le silence sur les faits de la vie de saint Josse, depuis son retour de Rome jusqu'à sa mort, le ciel voulant en quelque sorte respecter le désir qu'il avait de rester inconnu sur la terre, pour demeurer dans une union plus intime avec son Bien-Aimé. Les auteurs, du reste, ont pu croire avec raison qu'il suffisait, pour rendre hommage à ses vertus, de rapporter le fait suivant où Dieu se charge de faire lui-même l'éloge de son serviteur en termes magnifiques et touchants à la fois.

Saint Josse célébrait la messe, le 11 du mois de juin, dans la chapelle de son ermitage, en présence du comte Haymon et d'un grand nombre de personnes, lorsqu'au moment de la consécration tous les assistants virent une main environnée d'une lumière éclatante qui bénissait l'oblation sainte et le ministre qui l'offrait, et en même temps entendirent ces paroles : « Parce que tu as méprisé les richesses de la terre, que tu as refusé la dignité royale qui t'était offerte, et renoncé à toutes les grandeurs du monde pour vivre pauvre et méprisé dans une terre déserte, éloignée de toutes commodités, pour l'amour de moi, je t'ai préparé une couronne dans le ciel, en la compagnie des anges ; et je prendrai sous ma protection cette église qui sera le lieu de ta sépulture ; et je ferai part de mes grâces et de mes bienfaits à ceux qui, en mémoire de toi, viendront visiter ce lieu, et y faire leurs prières avec une pure intention et une dévotion sincère ».

Tous les historiens ont regardé ce fait comme authentique, et la tradition des siècles l'a soigneusement conservé dans la mémoire des peuples. Le jour où cette faveur extraordinaire fut accordée au Saint du Ponthieu est marqué, de nos jours encore, par une fête solennelle, chère à la population, et connue sous le nom de saint Barnabé, parce que le 11 juin est la fête de cet apôtre.

Ces paroles miraculeuses adressées au Saint pendant l'offrande du divin sacrifice sont un des témoignages les plus frappants que Dieu ait daigné rendre à l'un de ses serviteurs, mais elles contiennent en même temps une prophétie qui eut son accomplissement alors et qui continue de se réaliser actuellement encore sous les yeux de toute la contrée. La dépouille mortelle de saint Josse repose toujours dans l'église de la paroisse qui porte son nom et occupe la place de l'ancien ermitage, malgré les plus profondes commotions sociales, et la fureur des impies de tous les siècles ; elle est toujours là attestant la protection du ciel et la vérité de la divine parole, tandis que les restes sacrés de tant d'autres saints sont devenus la proie des méchants, ou bien ont disparu dans la révolution des empires. Là aussi, selon ces mêmes paroles prophétiques prononcées sur le Saint au moment du sacrifice, les peuples viennent en foule vénérer son corps, qu'ils regardent comme un trésor précieux et comme une source abondante des bénédictions célestes, ainsi qu'on le verra plus loin.

Cette faveur insigne accordée à saint Josse fut regardée par lui comme l'annonce de sa fin prochaine. Aussi, disent les auteurs de sa vie, elle le combla de joie, et le fit soupirer après l'heureux moment où il lui serait donné de se réunir à Celui pour lequel il avait tout quitté. Souvent on l'entendait répéter ces paroles de saint Paul : « Je désire mourir pour vivre avec Jésus-Christ »; ou celles du Prophète royal : « Pourquoi mon exil est-il si prolongé ? mon âme languit dans le lieu de mon pèlerinage; quand donc, Seigneur, me reposerai-je dans votre sein ?... » Et puis, il ajoutait dans un élan d'amour avec l'auteur de l'Apocalypse : « Venez, Seigneur Jésus, venez !... »

Toutefois, il ne relâchait rien de sa vie de prières et de mortifications; plus il approchait du terme, au contraire, plus il redoublait ses austérités et ses pratiques de dévotion. Le démon, qui souvent avait tenté d'ébranler la fermeté de ses résolutions alors qu'il était à la fleur de l'âge, essayait encore de troubler la paix de son âme, en lui rappelant la sévérité des jugements de Dieu ; mais le Saint se riait de ses efforts : appuyé sur la bonté divine et sur les promesses formelles qu'il avait reçues du ciel, il pouvait lui dire comme le grand évêque de Tours, qu'il honorait d'un culte particulier : « Retire-toi, Satan ; que me veux-tu ? Tu ne trouveras en moi rien de répréhensible ». Enfin, arriva l'heure tant désirée de sa mort. Le Saint s'endormit paisiblement dans le Seigneur le 13 décembre 653, selon Abelly, à l'âge d'environ soixante ans.

Les historiens sont loin de s'accorder sur l'èpoque de cette mort bienheureuse. Quelques-uns la placent en 651, mais le plus grand nombre la reculent jusqu'en 654, 660, et même 669. Cette dernière date paraît plus conforme à la légende du Propre actuel d'Arras qui fait mourir le Saint dans sa cellule *vers la fin du VII siècle. Obiit in cellula circa finem septimi sæculi.*

A peine saint Josse avait-il remis sa belle âme entre les mains de son Créateur, que sa cellule fut remplie d'une lumière brillante et embaumée d'un délicieux parfum qui combla de joie tous les assistants, en leur donnant l'assurance que l'âme du Bienheureux n'avait quitté son corps que pour être immédiatement conduite en triomphe par les esprits célestes dans le séjour de la gloire et du bonheur.

CHAPITRE QUATRIÈME

Contenant les miracles opérés par saint Josse depuis sa mort.

Le corps du bienheureux défunt resta plusieurs jours dans l'église, exposé à la vénération des habitants du village et des lieux voisins, accourus en foule pour rendre leurs derniers hommages à celui dont ils avaient tant admiré les héroïques vertus; puis, il fut mis dans un cercueil que l'on plaça dans une chapelle particulière de l'église où il demeura pendant quarante ans en un état de conservation complète, sans que ses traits perdissent rien de leur fraîcheur naturelle, ni ses membres rien de leur souplesse; ce qu'on regarda comme un éclatant miracle et comme une insigne faveur du ciel.

Quelque temps après sa mort, deux de ses neveux, Arnoc et Winoc, fils de Judichael, son frère, vivement touchés des exemples de leur père et de leur oncle, abandonnèrent à leur tour la terre de Bretagne et tout ce que la noblesse de leur origine leur offrait de grandeurs et de jouissances, pour habiter l'humble ermitage de saint Josse, et devenir ses imitateurs dans la pratique des vertus monastiques. On leur fit l'accueil le plus empressé, tant à cause des souvenirs de leur oncle, que de leur haut rang et de leurs qualités personnelles. On leur confia les clefs du caveau où reposaient les restes vénérés du Saint, avec recommandation de voir de temps en temps en quel état ils se trouvaient ; ce qu'ils firent, on le conçoit, avec un soin affectueux, pendant plusieurs années.

Le comte Haymon ne survécut pas longtemps au saint ermite qu'il avait tant aimé. Il semble que la mort qui venait de les séparer voulut les réunir immédiatement dans le ciel. En effet, le gouverneur du Ponthieu avait été un modèle de vertus tant dans l'administration de ses domaines que dans sa vie privée. L'histoire des comtes de la contrée lui donne le titre de bienheureux ; et l'on a conservé à l'abbaye de Dommartin une partie notable de son chef comme une précieuse relique, jusqu'à la Révolution.

Il eut pour successeur son neveu Walbert, fils du comte d'Hagnerie, et frère de saint Faron, qui marcha sur les traces de son oncle, et conserva toujours une grande vénération pour la mémoire de saint Josse. Ce pieux seigneur se lia d'une si étroite amitié avec saint Bertin, abbé de Sithiu, qu'il le demanda pour être le parrain de son fils. Ayant quelque temps après perdu sa femme, il se fit religieux dans l'abbaye de Saint-Bertin avec ce même fils. Il devint plus tard évêque de Meaux, et l'Église l'a mis au nombre des Saints. Saint Faron, son frère, lui succéda sur le siége épiscopal de cette ville.

Doctric, nommé gouverneur du Ponthieu, après la retraite de Walbert, ne suivit pas les beaux exemples qu'il lui avait laissés. Ayant entendu parler de la conservation miraculeuse du corps de saint Josse depuis 40 ans, il refusa d'y croire; pour confondre ce qu'il appelait une imposture, il se rendit à l'église Saint-Martin, accompagné de quelques soldats, et, sans rien laisser connaître de ses intentions, il fit rompre le cercueil, en prononçant des paroles de moquerie et d'impiété.

Mais la justice divine ne tarda pas à l'atteindre. A peine avait-il découvert le saint corps dans l'état de conservation la plus complète, qu'il devint furieux, en proie à d'horribles souffrances et à d'étranges convulsions, qui continuèrent jusqu'à ce que son épouse, qui était d'une éminente piété, en obtint la cessation par l'intercession de saint Josse. Doctric, néanmoins, demeura paralysé de tout le corps, le reste de sa vie, même après qu'il eut fait pénitence de son crime.

Peu de temps après ce funeste événement, les chairs du corps de saint Josse étant tombées en poussière, ses neveux mirent la tête et les os dans une caisse particulière, qu'ils enveloppèrent de lames de plomb, portant les inscriptions nécessaires pour la reconnaissance du sacré dépôt. Ils mirent dans une autre caisse la poussière et les parcelles trouvées dans le cercueil. Ils enterrèrent la première du côté droit du grand autel de l'église, et la seconde dans l'intérieur du mur latéral, d'une manière si secrète que tout fut ignoré du public.

Avant leur mort cependant, ils en donnèrent connaissance à une personne pieuse, qui devait de son côté, la transmettre à d'autres, pour ne pas condamner à l'oubli une si précieuse relique. Malgré cette précaution, on perdit de vue le lieu où les restes du Saint reposaient, bien qu'une tradition constante ne permît pas de douter qu'ils ne fussent dans l'enceinte de l'église. Ce ne fut qu'au bout de trois cents ans que Dieu les fit découvrir d'une manière toute miraculeuse, ainsi que nous allons le dire.

Sigeman, sacristain de l'église, avait coutume d'y passer le nuit pour la garde des ornements et des vases sacrés. Un jour, pendant son sommeil, il vit saint Josse environné d'une éclatante lumière ayant des vêtements blancs comme la neige, sortir de l'endroit où reposait son corps, se placer devant l'autel, et lancer une flèche vers le ciel ; puis, ses deux neveux, Arnoc, et Winoc, qui le prirent dans leur bras, et le reportèrent dans le lieu qu'il venait de quitter. Pendant que ses neveux le replaçaient ainsi dans le caveau, le Saint fixait les yeux sur Sigeman, et semblait lui dire de remarquer cet endroit avec grand soin.

La semaine suivante, un homme d'un village voisin, nommé Étienne, vit en songe un personnage vénérable qui lui commanda d'aller à l'église de Saint-Martin pour y découvrir les reliques de saint Josse. Docile à cette inspiration du ciel, il s'empressa de faire part à Sigeman, gardien de cette église, de ce qu'il venait de lui arriver. Tous deux, convaincus que Dieu voulait révéler le lieu où reposait son serviteur, fouillèrent à l'endroit d'où Sigeman avait vu sortir saint Josse et trouvèrent, en effet, une caisse couverte de lames de plomb avec les inscriptions bien conservées; et aussitôt un parfum d'agréable odeur en sortit et embauma toute l'église. Ils tirèrent la caisse de terre avec un grand respect, la placèrent au milieu du lieu saint et avertirent le clergé de cette merveilleuse découverte.

La nouvelle s'en répandit avec la rapidité de l'éclair dans la contrée, et l'on vit accourir de toutes parts des flots de peuples, avides de voir de leurs yeux le reliquaire vénéré, et d'offrir leurs hommages à celui dont la renommée avait publié les vertus héroïques et les nombreux miracles. Le ciel se plut à montrer l'étonnante puissance dont le Saint jouissait auprès de Dieu. Car des prodiges si nombrenx éclatèrent en cette circonstance que l'abbé Florent, qui a écrit la Vie du thaumaturge, renonce, dit-il, à les signaler, parce qu'un volume pourrait à peine les contenir tous. Il se contente de dire que les aveugles ont recouvré la vue, les sourds l'ouïe, les paralytiques leurs forces naturelles, et que les démons ont été chassés des corps dont il s'étaient emparés.

On plaça la caisse avec une grande solennité derrière le maître-autel, où les fidèles continuèrent de venir en foule la vénérer. Mais, pour satisfaire la piété de ceux qui ne pouvaient faire le pèlerinage de Saint-Josse, on en extraya quelques parcelles que l'on mit dans un reliquaire, et qu'on transporta de paroisse en paroisse avec une pompe triomphale, au milieu des plus vives démonstrations de joie. Les aumônes qu'on recueillit à cette occasion furent tellement abondantes, qu'elles permirent de rebâtir le monastère et l'église Saint-Martin, que les guerres avaient fortement endommagés.

Quelque temps après l'invention du corps

de saint Josse, on découvrit aussi la cendre et les parcelles placées dans une caisse particulière au milieu du mur latéral de l'église par les neveux du saint solitaire, Arnoc et Winoc. Mgr Guarin, évêque d'Amiens, réunit cette poussière et ces parcelles au corps du Saint et les renferma dans le même reliquaire, en 1134, en présence de Guy, comte de Ponthieu, d'Étienne, comte de Boulogne, et de Robert, abbé du monastère de Saint-Josse.

Environ soixante ans plus tard, on plaça toutes ces reliques dans une châsse très-riche et d'un travail remarquable, représentant les principaux traits de la vie du Saint. Thibaut, alors évêque d'Amiens, en fit la translation solennelle, après les avoir reconnues devant un clergé nombreux, assisté de Guillaume, comte de Ponthieu, de Regnault, comte de Boulogne, et de Hugues, abbé du monastère de Saint-Josse.

Cette châsse fut restaurée, en 1614, par les libéralités d'une dame pieuse, nommée Rémbergue, et placée par l'abbé Oignon dans une petite chapelle de l'église. Plus tard, Étienne Moreau, abbé du même monastère, et depuis, évêque d'Arras, la mit dans un lieu élevé de la chapelle de saint Josse, à côté du chœur, et c'est en cet endroit qu'elle est demeurée jusqu'aux mauvais jours de la révolution.

A chacune de ces translations, les fidèles obtinrent des grâces extraordinaires, et véritablement prodigieuses. Les auteurs de sa vie rapportent une foule de miracle d'une incontestable authenticité, parmi lesquels on trouve d'étonnantes guérisons et même plusieurs résurrections de morts. Voici comment l'abbé Florent raconte l'une de ces résurrections, selon Mgr Abelly :

« Un jeune enfant, nommé Jean, se noya un jour, étant tombé dans l'eau en un endroit fort dangereux ; ses parents en étant avertis, y accoururent ; mais voyant qu'il ne paraissait plus, et jugeant qu'il était suffoqué ; ils employèrent leurs soins pour tâcher de trouver son corps, pour avoir au moins cette consolation de lui donner sépulture en terre sainte. Mais, quelque diligence que l'on y apportât pendant deux jours, on ne le sut retrouver. Ces bonnes gens outrés de douleur, ont recours aux intercessions de saint Josse, auquel ils avaient une particulière dévotion, et le supplient de leur vouloir procurer au moins cette consolation que de trouver au moins le corps de leur enfant : et à peine ont-ils achevé leur prière, qu'on vient leur donner la nouvelle que le corps de leur enfant est retrouvé. Cette première grâce obtenue si promptement, leur donne la confiance d'en demander une seconde, et plus grande. Ils portent le corps mort de leur fils en son église et le mettent sur l'autel, et prosternés à genoux, les yeux baignés de larmes, le supplient de leur obtenir la consolation toute entière, et de faire en sorte par ses intercessions envers Dieu, qu'il lui plût redonner la vie à ce corps qu'ils avaient retrouvé par son entremise. Continuant ainsi leurs prières, ils aperçurent quelque changement au visage de cet enfant, sur lequel ils tenaient leurs yeux arrêtés : et s'étant aussitôt levés, et le considérant de plus près, ils reconnaissent qu'il est plein de vie. Cette merveille les surprit si fort que d'abord ils furent comme transportés hors d'eux-mêmes, sans pouvoir dire une seule parole : mais, étant un peu revenus, il commencèrent à bénir Dieu hautement, et à remercier saint Josse, qu'ils considérèrent et honorèrent depuis ce temps-là, comme le père de leur enfant : lequel étant devenu grand et se souvenant de la grâce qu'il avait reçue, crut être obligé de consacrer sa vie au service de Dieu, en l'honneur de ce grand Saint, par l'intercession duquel il l'avait recouvrée, et se fit religieux, en l'abbaye de St-Josse-sur-Mer, où il vivait encore du temps que Florent, qui a écrit ce miracle, en était abbé. »

Il ne faut donc pas s'étonner que la dévotion à ce grand Saint se soit conservée dans la série des siècles, et qu'elle ait repâru toujours vive, et même plus ardente, alors que; par suite des guerres, les sanctuaires étaient fermés pendant de longs intervalles ou totalement détruits.

CHAPITRE CINQUIÈME.

Série des Abbés de Saint-Josse [1].

On ignore les noms des administrateurs de la *Celle* ou monastère de Saint-Josse jusqu'au moment où le célébre Alcuin en prit la direction, vers 792. Aussi, les auteurs du *Gallia christiana* considèrent-ils Charlemagne comme second fondateur de la *Celle maritime*. Il y attacha de grands revenus. Alcuin, pourvu par cet empereur des abbayes de Ferrières et de Saint-Martin de Tours, ne résida jamais à St-Josse. On croit même qu'il résigna ce bénéfice en faveur de Warembault, religieux de Ferrières. Une bulle du pape Léon III, sollicitée par Charlemagne et adressée à Warembault, se trouve dans le Cartu-

[1] Nous donnons la série des abbés de Saint-Josse telle que M. l'abbé Parenty l'a publiée dans la *Gazette de Flandre et d'Artois*, en la faisant suivre d'une note sur le calice conservé dans l'abbaye.

laire [1] de l'abbaye ; cette bulle, qui est des premières années du IXe siècle, confirme les priviléges accordés par l'empereur, ratifie les donations qu'il a faites aux religieux, affranchit le monastère de toute juridiction épiscopale et le place sous l'autorité immédiate des Pontifes romains. Warembault mourut en 816. Après lui, l'abbaye fut donnée par Louis le Débonnaire aux moines de Ferrières ; son superflu revenait à la maison-mère.

Héruodingus, que l'on suppose être l'un de ces clercs du palais qui spéculaient sur les revenus des maisons religieuses, obtint, par subreption, celle de Saint-Josse. Il paraît même que, par son crédit auprès du roi Lothaire, il parvint à secouer le joug de l'abbaye de Ferrières, qui, peu après, fut remise en possession de ses anciennes prérogatives.

La province de Ponthieu passa, avec l'Aquitaine et la Neustrie, des mains de Lothaire dans celles de Charles le Chauve, son frère, par suite du partage qui eut lieu entre eux, après la bataille de Fontenay (25 juin 842).

[1] Ce Cartulaire, déposé aux archives départementales est entièrement transcrit par Étienne Moreau, abbé et comte de St-Josse, mort évêque d'Arras en 1670.

Le comte Odulphe obtint de Charles l'abbaye de St-Josse, comme récompense d'éminents services qu'il avait rendus à ce prince, dans le fâcheux état où l'avaient placé ses affaires. Loup, abbé de Ferrières, ne put supporter une semblable usurpation. Il adressa au roi Charles le Chauve une lettre où, après qu'il eût dépeint la triste situation des religieux sous l'administration du comte de Ponthieu, il ajouta, avec cette énergie qui se fait remarquer dans tous ses écrits : « Il est bien injuste que vous les laissiez mourir de faim et de froid, tandis qu'ils sont obligés de prier pour vous ». Un décret synodal, dirigé contre Odulphe, fut la suite des plaintes réitérées de Loup de Ferrières. Le roi le sanctionna, en 843 ; il avoue que, pressé par la nécessité, il a donné ce bénéfice au comte de Ponthieu pour le récompenser de ses services. L'intrus demeura sourd aux anathèmes de l'Église et aux injonctions du monarque. Il percevait encore les revenus de l'abbaye en 849. Les lettres de l'abbé de Ferrières nous apprennent que, cinq ans auparavant, les Normands, qui ravageaient alors toute la contrée, avaient presque entièrement détruit la *Celle de St-*

Josse. Il regrette d'autant plus cette perte que la *Celle maritime* procurait à la maison-mère de la cire, des laines pour le vêtement des religieux, et du poisson de mer.

Loup de Ferrières demeura paisible possesseur du monastère après la mort du comte Odulphe ; on le remarque par une lettre qu'il adressa à Edilulphe, roi d'Angleterre. Il ne paraît pas que ses successeurs se soient maintenus dans la possession de cette abbaye; peut-être à cause des incursions des Normands, et sans doute aussi parce que les comtes de Ponthieu y mirent des obstacles. Ils s'emparèrent des revenus et firent administrer le couvent par des économes. Il avait fallu cacher le corps de saint Josse durant ces guerres où rien n'était respecté. On voit qu'un seul ecclésiastique, nommé Sigeman, était chargé de garder l'église lorsqu'on en fit l'invention en 977. Les bâtiments du monastère avaient été détruits de fond en comble.

A l'administration de Loup de Ferrières, succéda celle de Sigebrand (977). Il rétablit les lieux réguliers ruinés par les désastres de la guerre, et remit en vigueur la discipline monastique. On dut à l'économie de cet abbé la reconstruction du chœur de l'église, dédiée à saint Martin, que le comte Haymon avait fait bâtir. Sigebrand étendit sa juridiction sur plusieurs monastères de l'Artois et du Boulonnais; il leur donna de nouvelles règles et en fit restaurer les bâtiments.

Herbold n'est connu que par un petit ouvrage qui lui fut adressé par Isambert, moine de Floriac, sur l'invention du corps de saint Josse et les miracles qui eurent lieu à cette occasion.

Josué est cité dans un manuscrit qui traite des miracles de saint Josse. Il est aussi fait mention de lui dans la première légende de l'office de ce Saint. Le manuscrit et cette légende font remarquer qu'il infligea une sévère correction à l'un de ses religieux pour avoir supprimé l'usage de faire brûler de la cire devant ses reliques (986).

Wido ou Guido était abbé en 990, comme il conste par la susdite légende. De son temps, deux hommes possédés du démon furent miraculeusement délivrés par suite de prières faites au tombeau de saint Josse. Wido est désigné comme un homme éloquent et d'une rare piété : on pense qu'il a vécu jusqu'en 996. Son successeur immédiat n'est point connu.

Florent Ier vivait en 1013, époque où Surius mit en style nouveau la vie de Sauve ; cette œuvre fut dédiée aux religieux : telle est, du moins, l'opinion du *Gallia christiana*. Florent mourut cette même année.

La Chronique de saint Riquier fait mention d'Arnulphe ou Arnoul, formé à la vie religieuse dans le monastère de ce nom par Ingelard. Il ne fut abbé de Saint-Josse que fort peu de temps : on place sa mort en 1016.

Héribert fut présent en 1052 à la translation du corps de saint Bertin. Il est fait mention de lui dans la charte rédigée à l'occasion de cette solennité.

Nous le voyons remplacé par Warin en 1059, époque du sacre de Philippe Ier, auquel il assista. On le croit issu de la maison de Croy ; il en fit du moins placer les armoiries dans la nef de l'église, qu'il réédifia en partie. Il reçut parmi ses religieux Bauduin, fils de Fulcon, homme de guerre d'Hesdin.

Wautier ou Gaultier de Lallain, neveu du précédent, obtint de Guy, comte de Montreuil et de Ponthieu, plusieurs dons et privilèges pour son monastère. La charte de ce seigneur, datée de 1100, est insérée dans le Cartulaire déjà cité. Elle confirme un droit de pêche sur la Canche, accordé par Hugues, son aïeul ; la donation du moulin et du four de Montreuil par le même Hugues, et celle de la chapelle de Saint-Firmin ; libéralités déjà assenties par le comte Enguerrand, son père. Il y ajoute sept pièces d'eau à Waben, une autre à Étaples ; la partie du comté qui s'étend depuis la mer jusqu'à Monteuuis, et depuis le milieu de la Canche jusqu'au delà de Saint-Aubin ; en outre, le moutonnage de tout ce canton.

Un autre titre de même date, rendu par ce comte, attribue à l'église de Saint-Josse toute justice et toute correction pour délits commis *en la ville* de ce nom, à charge par l'abbaye de servir au comte de Ponthieu, au jour de la fête de saint Josse, une vache écorchée et des aulx, pourvu qu'il y soit présent, ou un cent d'œufs et une livre de poivre, si ce jour-là l'usage de la viande est défendu. Cette clause fait supposer que les comtes de Montreuil se rendaient avec leur suite à Saint-Josse pour la célébration de la fête principale du monastère. Nous avons cru devoir l'insérer pour donner une idée de la manière de vivre dans ce siècle déjà reculé.

L'abbé de Saint-Josse était tenu, en outre, de mettre à la disposition du comte de Ponthieu ses sujets et vassaux, chaque fois que la guerre serait déclarée entre lui et le comte de Boulogne, et de les réunir à ses frais entre la Canche et l'Authie.

La partie du comté de Ponthieu ainsi concédée à l'abbaye, comprenait les villages et hameaux suivants avec leurs dépendances : St-Josse, St-Aubin, Capelle, Cucq, Trespieds, Villiers, Le Tertre, Longpré, Vis et Marets, sur lesquels les religieux exercèrent la justice haute, moyenne et basse.

L'abbé Wautier acheva la reconstruction de la nef de l'église, commencée par son prédécesseur, et assista au concile de Compiègne en 1095. Il se trouve repris comme témoin dans une charte de 1105, rédigée par Godefroy, évêque d'Amiens, et concernant l'abbaye de Saint-Fuscien.

Hugues, dit le Vénérable, était abbé en 1110. Il consentit, à cette époque, à la cession de la chapelle de St-Firmin à Montreuil, pour l'établissement d'une collégiale, en se réservant la collation de l'une des prébendes.

L'année suivante, Enguerrand, évêque d'Amiens, donna à l'abbaye les autels ou cures ci-après : Mézicourt, Conteville, Auste, Rimbaucourt, Argeuve, Dominois, Gorame-court, Mosultre, Arri, Nempont (*ultra aquam*), Waben, St-Aubin, Airon, Sorrus, Vis, Montawis, St-Firmin-de-Montreuil, Aubin, près d'Hesdin, Marconnelle, Maisoncelle, Gouy, Auvent, Longueville, Montguersin.

Imbert Ier vivait en 1128 ; Warin, alors archidiacre, lui accorda des priviléges pour l'église de Waben ; il les confirma et les augmenta dès qu'il fut devenu évêque d'Amiens.

Pierre, premier du nom, ancien prieur de Bagnols, dirigeait le monastère de St-Josse en 1133. Mû par l'exemple de son collègue d'Amiens, Milon, évêque de Thérouanne, mit, cette année, plusieurs cures de son diocèse sous le patronat de la maison de Saint-Josse. La charte qui établit cette concession porte : Camiers, Rumbly, village qui n'existe plus, ou qui, depuis, aurait pris cet autre nom de Lefaux, près d'Étaples ; Heulingueguehem (aujourd'hui Hallinghen) et Estréelles..

Robert Ier succéda au précédent dans le cours de la même année 1134. Les cendres provenant des chairs de saint Josse avaient été enfermées dans l'un des murs de l'église, depuis l'époque où son corps avait cessé de demeurer sans corruption; elles furent découvertes. Robert fit confectionner une très-belle châsse dans laquelle il les renferma avec les ossements du saint confesseur. Guarin, évêque d'Amiens, vint présider à la solennité qui eut lieu à cette occasion. Guy, comte de Ponthieu, y assistait avec Étienne de Blois, comte de Boulogne, devenu depuis roi d'Angleterre, après la mort de Henri III, son oncle.

Théobald lui succéda immédiatement; cet abbé donna, en 1146, dans la paroisse de Ville-le-Comte, un manoir pour l'établissement d'une maison de Templiers; fit la cession des dîmes de Maisnil-David au profit de la communauté de Saint-Martin-d'Albe-Marle, à charge d'une redevance de trente sous, monnaie de Montreuil. Cette clause est remarquable en ce qu'elle peut servir à prouver que les comtes de Ponthieu faisaient battre monnaie à cette époque.

Nicolas Ier avait succédé à Théobald [1] en 1156 ; il souscrivit à un titre rédigé alors par Théodoric, évêque d'Amiens.

Walter ou Gauthier second, céda, en 1159, à Matthieu d'Alsace, le terrain sur lequel ce comte de Boulogne voulait asseoir le château d'Étaples. Les religieux de Saint-Josse furent autorisés, par suite de cette cession, à faire prendre chaque année dans le port de Boulogne ou celui de Calais, dix mille harengs. Cette redevance fut convertie en une rente de 60 livres tournois. L'inspection des terriers de l'abbaye prouve qu'elle fut acquittée jusqu'en 1790.

L'abbé Walter transigea, en 1160, avec Marie, abbesse d'Étrun, au sujet d'un huitième de dîme sur le territoire de Siracourt ; et conclut, en 1163, avec Anscherus, abbé de Saint-André-au-Bois, un accord concernant diverses autres dîmes.

Matthieu d'Alsace rédigea, en 1171, au nom et pour Paramius, seigneur de Tingry, le titre

[1] *Theobaldus* ; on traduit aussi ce nom propre par Thibaut.

de la donation qu'il fit à St-Josse de la dîme de Sumbres, hameau qui fait aujourd'hui partie de la commune de Wissant. Deux ans après, il intervint dans un accord conclu entre l'abbé Walter et Eustache de Montawis (Monteuuis) au sujet des eaux de Cucq qu'il abandonna au monastère : Eustache en fit l'offrande à Dieu sur l'autel de saint Josse, et Guillaume de Montreuil, son seigneur, y prêta son consentement sur les saintes Écritures. La charte a pour témoins Guy d'Aluz, Radulphe de Lens, Beauduin de Cucq, Guillaume Chatelain de Fauquembergue, Enguerrand de Senlis, Roger de Balinghen, Philippe Fordins, Pierre, abbé de Saint-Wulmer, l'abbé de Beaulieu et plusieurs autres.

Pénétré d'une vive confiance dans les mérites de saint Josse, ce comte affranchit l'abbaye de *toute coutume et exaction* à l'égard de celles de ses possessions qui se trouvaient sous sa puissance et seigneurie. Il ajouta que, pour l'honneur du Saint et l'utilité de son église, la fête patronale serait prolongée pendant quinze jours et célébrée avec toutes sortes de libertés et franchises.

Matthieu d'Alsace voulut être inhumé dans le monastère ; on lisait sur son tombeau les vers suivants :

Hoc in sarcopho, Matthæus, clara propago
Clauditur, egregius stemmate, mente pius.

On l'avait représenté sur la pierre armé comme il l'était au siége de Neufchâtel où il fut tué. Le bouclier portait cet autre vers :

Proh dolor ! hunc vita privavit parva sagitta.

Louis le Jeune confirma, en 1177, par une ordonnance rendue à Senlis, les donations de Matthieu d'Alsace; reconnut que l'abbaye de St-Josse était de fondation royale, et l'affranchit de tout droit et exaction.

Philippe d'Alsace, comte de Flandre et de Vermandois, voulut assurer à perpétuité des prières pour le salut de son frère le comte de Boulogne, enterré à St-Josse. Il avait, d'ailleurs, à réparer des dommages causés par les siens dans les propriétés des religieux situées à Marçonnelle. Il leur abandonna, en 1178, la justice de ce lieu, un droit de pêche et le moulin établi sur la rivière de Canche. Six ans après, ce seigneur approuva la cession que fit Gaufroy de Marles, des droits qu'il pouvait prétendre sur l'autel paroissial et la chapelle de St-Laurent, dans le même village.

Ce prince établit, au profit du même monastère, une rente de dix livres parisis qui devait être perçue chaque année sur les revenus de la ville d'Hesdin. Les États d'Artois reconnurent depuis cette fondation, et en acquittèrent fidèlement les obligations [1].

On ignore l'époque précise de la mort de l'abbé Walter. Le nom de son successeur immédiat est inconnu. On ne le voit cité dans aucune charte. Walter, du reste, aurait pu vivre jusqu'en 1192, époque où nous voyons Hugues II en possession de l'abbaye. Trois ans après, il fit placer les reliques de saint Josse dans une châsse garnie de lames d'argent et enrichie de pierres précieuses : cette translation fut approuvée par Théobald, évêque d'Amiens. La seigneurie de Long-Pré, sur laquelle l'abbé de St-Saulve avait élevé des prétentions, fut attribuée à la maison de St-Josse par l'évêque précité et déclarée vicomtière (1178).

Florent, deuxième du nom, avait pris les rênes de l'administration en 1203. Il fixa

[1] Cartulaire de Saint-Josse.

cette année, de concert avec Guillaume, comte de Ponthieu, les limites du comté de St-Josse, telles qu'elles avaient été réglées par la charte de Guy de Montreuil en 1100. A la même époque, Gaufroy ou Godefroy, seigneur de Marles, remit à Lambert, évêque des Morins, au profit de l'abbaye de St-Josse, un tiers de dîme qu'il avait retenu injustement.

Florent consentit, en 1204, à l'érection en commune du hameau ou fief de St-Josse. On statua qu'elle serait régie selon la coutume d'Abbeville. En même temps, Renauld, comte de Boulogne, consentit, sur les instances de cet abbé, à réparer divers dommages qu'il avait faits au monastère.

Pharamus, seigneur de Tingry, confirma, en 1207, la donation faite aux religieux de la dîme de Sumbres, et fonda, par le même acte, un anniversaire à célébrer par eux à perpétuité, pour lui et sa famille. Les témoins furent : Eustache, curé de Tingry, Guillaume de Logys, Wirmond de St-Georges, Williard de Villiers, Baudri d'Étaples, Clarod d'Attin, Girold de Rue, Landric de Bottin (aujourd'hui Beutin).

Au mois de juillet 1208, Haket, seigneur de Rumbly (aujourd'hui Lefaux) donna au monastère la dîme de ce lieu. La charte qui règle cette donation fut rédigée dans l'abbaye de St-Josse par Jehan, élu de Thérouanne, deuxième du nom, en présence du seigneur Haket.

Cet abbé fit transcrire, sur un seul cartulaire, tous les titres, priviléges et chartes qui concernaient l'abbaye : le dernier acte qui nous reste est de 1210.

Nous voyons Éthard succéder à Florent II; on ne peut préciser l'époque de son avénement et décider si ce fut sous lui ou sous son prédécesseur que Bauduin, châtelain d'Hesdin, abandonna la mouture du moulin de Marconnelle aux religieux, et en bannit les habitants présents et à venir (juin 1212); cet abandon fut fait sur l'autel de Saint-Josse, en présence des moines, d'Enguerrand d'Hesdin et de Hugues de Montecapréoli. Éthard passa un concordat entre sa maison et celle de Ste-Berthe de Blangy, par lequel elles prirent le mutuel engagement de prier pour les religieux qui viendraient à décéder dans l'un et l'autre monastères. L'année suivante cet abbé signa, avec plusieurs de ses collègues du Ponthieu et du Boulonnais, une circulaireque fit l'abbesse Imberge, pour implorer la charité des fidèles, à l'effet de renouveler la châsse de Sainte-Austreberthe (*Gallia christiana*). A la même époque, Jules de Montcavrel prêta son consentement à une cession de dîme que fit au couvent le seigneur d'Allette Esiruille, ce qui prouverait que le fief de ce lieu relevait alors de la seigneurie de Montcavrel. (Avril, 1218, Cartul.)

De Simon d'Aisseville ou de Laisseville, auparavant prieur de St-Pierre d'Abbeville, On trouve, en 1220, les initiales au trente-et-unième registre des chartes du trésor royal. Les marins de Cucq s'engagèrent, en 1223, en présence des mayeur et échevins de Saint-Josse, à donner comme aumône aux religieux une portion de pêche sur chaque bateau ou nacelle qui irait à la mer. Simon termina, en 1224, comme médiateur, un procès qui avait lieu entre les religieux de Valoires et Bauduin, connétable de Boulogne. A cette époque, la maison de St-Josse renfermait douze religieux dont les noms sont repris dans une charte de Gautier ou Wauthier, seigneur de Wailly. Il y reconnaît, en présence du St-Sacrement, sur l'autel, et devant les reliques de St-Josse, qu'Eustache son père a donné à cette église la dîme de ce village. Cet abbé transigea, en 1226, avec Hugues, seigneur de Brimeux, et avec Pierre, curé de Camiers, au sujet de la dîme, dont il lui céda la jouissance, moyennant une redevance annuelle. Le seigneur de Frissonneville avait élevé des prétentions sur la dîme de Champart; il fut contraint d'y renoncer et de reconnaitre les droits de l'abbaye (1227). Dix ans après, Marie comtesse de Montreuil et de Ponthieu, constitua, en exécution des dernières volontés du comte, son mari, une rente de vingt sous parisis à prendre sur le moutonnage de Waben. Un incendie consuma, pendant l'administration de Simon d'Aisseville, l'église et une grande partie des lieux claustraux.

Wautier, troisième du nom, succéda immédiatement au précédent. Il fit, en 1244, un traité avec Matthieu de Montmorency, comte de Ponthieu, pour son mariage avec Marie, héritière de cette province. Les maire et échevins de St-Josse furent appelés pour voir confirmer les droits et priviléges de l'abbaye conformément aux règlements déjà arrêtés par plusieurs comtes de Montreuil et de Ponthieu.

Eustache Ier avait remplacé Wautier en 1256. Il transigea avec l'abbé d'Anchin pour arrêter la délibération de la commune de Fillièvres, où l'un et l'autre monastères avaient diverses mouvances. Ce fut encore du temps d'Eustache, en 1257, que Mahaut, comtesse de Boulogne, renouvela les priviléges accordés par ses prédécesseurs à la maison de Saint-Josse.

Pierre II trente-troisième abbé, régnait vers 1270.

Guillaume Ier, de pieuse mémoire, fut pris pour arbitre avec Willaume, abbé de Dommartin, dans une contestation qui s'était élevée entre l'abbé de Saint-André-au-Bois et le prieur de Beaurains (1275).

Jehan Ier fit un contrat de société entre sa maison et le monastère de Fécamp; cet acte est du 28 octobre 1280.

Pierre, troisième du nom, n'est connu que par un acte d'inféodation daté de 1300.

Eustache II siégeait en 1315. On trouve

son nom dans le Cartulaire de Saint-Sauve.

Nicaise l'avait remplacé en 1332. Quatre ans après, il pris à bail perpétuel divers fiefs qui appartenait à l'abbaye de Foresmoutier, situés dans le comté de Saint-Josse en grande partie, savoir : aux villages de la Calotterie, Wis, Monteuuis, Verton, Le Temple, Waben, Semond, Lahaye, et dans la ville de Montreuil. Cet abbé fit, de concert avec le comte de Ponthieu, des statuts concernant l'élection et l'administration des mayeurs de Saint-Josse. De plus, il régla avec ce prince, qui était Jacques de Bourbon, les droits ou priviléges de l'abbaye, et détermina les limites du comté.

Frameric était abbé en 1360.

On trouve Aaron dans le Cartulaire de Saint-Sauve, en 1367.

Arnoult II, surnommé Pezel, administrait vers 1370.

Richard Tumel, en 1390.

Robert II contraignit, l'an 1406, par édit royal, le duc de Berry, alors comte de Boulogne, de payer la rente annuelle de dix mille harengs, en exécution des conventions faites à l'époque de la construction du château d'Étaples. La ville de Calais, disait-on, étant tombée au pouvoir de l'Angleterre, celle de Boulogne ne devait point supporter exclusivement cette charge. On attribue à Robert la construction d'un cloître qui tenait à l'église et qui fut détruit durant les guerres du XVIe siècle.

Arnoult III régissait le monastère en 1418.

Nicolas de Fosseux, en 1425.

Guy II, en 1430.

Il est fait mention de Nicolas III en 1444.

De Guillaume II en 1454.

Jehan de Vaulx, deuxième du nom, envoya, en 1455, l'un de ses religieux au concile provincial de Rheims, et jura foi et hommage au roi Louis XI, en 1454. Il est encore fait mention de lui dans le *Gallia christiana*, en 1471.

Nicolas de la Fosse administrait comme abbé en 1472.

Adrien du Biez, parent d'Oudart du Biez, maréchal de France, était religieux de Saint-Valéry, lorsqu'il fut élu abbé de Saint-Josse l'an 1479. Il n'est apparemment resté dans les archives du monastère aucun titre provenant de son administration qui dura dix-sept ans : on voit seulement qu'il abdiqua en 1495 et mourut en 1496.

Il fut remplacé immédiatement après avoir donné sa démission, par Matthieu de la Varenne, noble Boulonnais. Il prêta, en 1523, son consentement à l'érection de la collégiale de Douriers, faite par François de Créquy, sénéchal du Boulonnais, et Marguerite Blondel, sa femme. L'assentiment de l'abbé de Saint-Josse fut nécessaire en cette circonstance, parce qu'il était collateur de la cure. L'acte fut reçu par François de Haluuin, évêque d'Amiens. Plusieurs miracles s'opérèrent au tombeau de Saint-Josse sous Matthieu de la Varenne, qui fut le dernier abbé régulier de ce monastère. On place sa mort en 1529.

ABBÉS COMMENDATAIRES.

Le roi François Ier donna en commende cette abbaye à Gilbert Motier de Lafayette, arrière-petit-fils du maréchal de ce nom, qui se distingua sous Charles VII et contribua avec Jeanne d'Arc à chasser les Anglais du royaume. Son père, Antoine de Lafayette, était seigneur de Pontgibaut. Cet abbé, pourvu d'un autre bénéfice à Clermont, ne résida pas à Saint-Josse. De son temps, la nef de l'église fut réparée et on y grava ses armoiries ; il décéda, selon l'opinion de Ste-Marthe, en 1549, après avoir joui des revenus du monastère pendant dix-neuf ans.

Oudes ou Odet d'Adveroult, fut appelé à lui succéder dans un âge tendre. Les religieux de St-Josse eurent à supporter tous les malheurs durant les dix années qu'il porta le nom d'abbé. «Il serait honteux, dit le *Gallia christiana*, de raconter en détail les actes coupables qui furent commis en son nom et qu'on attribue à la cupidité des receveurs. » Odet devait sa nomination à Henri II.

Guillaume Martel, conseiller et aumônier du roi Charles IX, succéda au précédent, en 1569 ; il était fils de Charles, seigneur de Bacqueville, et de Louise de Balzac. Sous son gouvernement, diverses possessions de l'abbaye furent aliénées, les titres dispersés ou anéantis : il dota son frère, messire François Martel, seigneur d'Harmeville, d'un fief de cent quarante mesures situées à Calotterie et les hameaux environnants. Cette spoliation des biens de St-Josse eut lieu le 23 février 1581. Ces terres portèrent depuis le nom de *Champ d'Harmeville.* En 1584, le 12 août, Guillaume donna à bail emphytéotique le bois de Marconne, situé alors sur le territoire espagnol ; il avait été plusieurs fois ravagé durant les guerres de cette époque entre la France et l'Espagne.

Une contestation s'éleva, en 1587, entre les habitants de St-Josse, Cucq, Merlimont et Trespieds d'une part, et le gouverneur de Montreuil de l'autre. Elle était relative au service du guet qui jusqu'alors avait eu lieu à la tour de St-Josse. Il avait pour objet de procurer de prompts secours aux bâtiments qui seraient en danger de faire naufrage et de prévenir les descentes de l'ennemi sur la côte. Le gouverneur de Montreuil exigeait d'eux le même service pour le guet de la ville. Cette querelle ne fut vidée que par une décision de Henri IV, en date du 3 mai ; elle maintint le guet de St-Josse tel qu'il avait existé depuis un temps immémorial et exempta ses habitants du service à Montreuil.

La décision royale qui vient d'être citée ne nomme pas le gouverneur ; mais il est probable qu'il était le frère de l'abbé François des Essarts, qui, dès cette époque, avait, selon toutes les apparences, succédé à Guillaume Martel. Il employa la violence pour se mettre en possession du monastère ; son frère mit pour cela à sa disposition la garnison de Montreuil. Gratien Chesnu se servit des mêmes moyens pour l'expulser en 1596. Il se servit, pour cette expédition militaire, du chevalier Charles Martel, frère de l'abbé Guillaume, qui, dans cette circonstance, consulta plus encore ses intérêts privés que ceux de Gratien, car celui-ci ne fut jamais abbé que de nom. Martel s'était établi dans le quartier abbatial avec sa femme et ses enfants. Les religieux, réduits à un très-petit nombre, ne pouvaient plus célébrer l'office divin, encore moins observer la discipline et les règles de l'ordre. Il ne venait plus de novices, et la maison allait, malgré son antiquité si éminemment respectable, tomber d'elle-même sous une telle administration. On ne venait plus au tombeau de saint Josse : les pélerinages avaient cessé, tant il y avait de confusion dans la *Celle maritime*. C'était, du reste, l'époque où la guerre de la Ligue mettait tout en confusion dans le royaume, comme le fait observer Sainte-Marthe. Ce déplorable état de choses se perpétua jusqu'en 1610. Il est vrai que Gratien Chesnu parvint à s'établir dans le couvent, dès 1604, mais il ne put remédier à un si grand mal.

Ce faible abbé, asservi par la famille Martel, se détermina à résigner le bénéfice en faveur de l'un de ses membres, Henri Martel, fils de Charles, depuis si longtemps en possession du monastère. Jamais Henri Martel, ne put parvenir à obtenir du Pape ses bulles d'institution canonique : il demeura toutefois en possession de l'abbaye jusqu'en 1620, époque de la mort de son père. Au mois de mai de cette année, il se désista en faveur d'Étienne Moreau, moyennant une pension annuelle de 2,000 livres : elle ne fut payée que deux ans, après lesquels Henri se sécularisa entièrement par le mariage.

Étienne Moreau, né à Paris, docteur en théologie , conseiller du roi, dut sa nomination à Louis XIII. C'était le 5e abbé commendataire de Saint-Josse, et le 54e depuis l'établissement du monastère. Les religieux durent aux efforts de son zèle la restauration de l'église, des chapelles et du cloître. L'abbé Moreau réunit en un cartulaire, écrit entièrement de sa main, tous les titres de l'abbaye ; la fit rentrer dans une partie des biens qu'elle avait perdus par l'incurie et la mauvaise foi de ses prédécesseurs. Le roi Louis XIII confirma, sur la demande de cet abbé, les privilèges et le titre de comté accordés au monastère par Guy, comte de Ponthieu. Les lettres-patentes données à ce sujet furent enregistrées au parlement.

Il assista, en 1635, comme député du second ordre à l'assemblée générale du clergé de France, et fut chargé d'en rédiger les actes. Nommé par Louis XIV à l'évêché d'Arras (28 avril 1656), Pierre Leroy, abbé du Mont-Saint-Éloy, prit en son nom possession de ce siége en 1658 ; mais il ne reçut ses bulles du souverain Pontife que dix ans après, à cause des difficultés survenues entre la cour de Rome et celle de France. Le Pape temporisait ; la province d'Artois venait d'être enlevée à l'Espagne, il fallait, dans l'opinion du souverain Pontife, que cette conquête fût définitivement assurée à la France. Clément IX ne reconnaissait pas, d'ailleurs, à Louis XIV le droit de nommer à l'évêché d'Arras, et il ne le fit, en effet, qu'après qu'il le lui eut permis par une bulle du 9 avril 1668.

Etienne Moreau fut sacré le 21 octobre de cette année 1668 par l'archevêque de Paris, dans l'église de Saint-Victor. Deux jours après, le maréchal de Turenne fit choix du nouvel évêque d'Arras pour recevoir l'abjuration de ses erreurs. Ce prélat fit son entrée à Arras le 25 novembre. La bonne odeur de ses vertus l'avait précédé dans cette ville. Le clergé, les états d'Artois et toute la population le reçurent avec un enthousiasme d'autant plus grand que depuis 1635 le diocèse avait été privé de premier pasteur. Etienne Moreau mourut le 8 janvier 1670, après avoir réorganisé l'administration du diocèse, et fut enterré dans sa cathédrale. On transporta son cœur à Saint-Josse en exécution de ses dernières volontés, et on le plaça sous une pierre de marbre dans le chœur de l'église. (Mss. du P. Ignace, *passim*.)

Le 25 avril 1839, les ouvriers occupés à

creuser les fondations de la nouvelle église Saint-Nicolas d'Arras, trouvèrent, à l'endroit qu'occupait le chœur de l'ancienne cathédrale, le corps de cet évêque. Une plaque de cuivre placée sur le cercueil porte cette inscription : *Illustrissimus et reverendissimus Dominus, D. Stephanus Moreau, Atrebatensis episcopus, extremum diem clausit anno Domini* 1670°, *ætatis vero suæ* 76°, *episcopatus sui* 2°.

Etienne Moreau ne résigna point l'abbaye de Saint-Josse en devenant évêque d'Arras. Il était trop attaché à cette maison qu'il avait fait sortir de ses ruines et dans laquelle il avait introduit la réforme de la congrégation de Saint-Maur. Il en fut abbé pendant cinquante ans. On trouve dans un ancien terrier de ce monastère, la fondation qu'il fit d'une école pour l'instruction gratuite des enfants du village de Saint-Josse. Il abandonna pour cette œuvre tout le revenu de la mense abbatiale qui serait dû depuis la date de son testament jusqu'à celle de son décès. Cette somme servit à construire une école et à assurer à l'instituteur une rente de 274 liv.

Louis XIV donna cette abbaye à Jean de

Watteville, d'une illustre famille de Milan. Il avait d'abord suivi la carrière des armes et avait été employé dans diverses légations pour le roi d'Espagne. S'étant ensuite retiré en France, où il fut ordonné prêtre, on le pourvut de l'abbaye de Beaune et de la coadjutorerie de celle de Luxeuil. Il fut en même temps doyen de la cathédrale de Besançon, et enfin abbé de Saint-Josse. Il résida longtemps à Montreuil, dans la maison de refuge qu'avaient là les religieux et qu'ils lui cédèrent. Jean de Watteville alla mourir dans son abbaye de Beaune en 1701.

Jean-Amand, comte de Blanckenheim, chanoine de Strasbourg, et depuis archevêque de Prague, succéda au précédent en 1701. Il est douteux qu'il parût jamais dans l'abbaye; on voit qu'il donna sa procuration au cardinal de Rohan, apparemment pour en toucher les revenus. Nous n'avons pu découvrir l'époque de sa mort ni celle de la nomination de son successeur. Il est présumable qu'il vécut jusque vers le milieu du XVIIIe siècle. Peut-être parviendrons-nous à compléter le catalogue des abbés de Saint-Josse en poursuivant nos recherches sur les abbayes du Ponthieu ; elles furent jusqu'ici infructueuses. Aucun des abbés du siècle dernier n'ayant résidé, on ne trouve par conséquent aucun acte de leur administration. Leurs revenus étaient perçus par un receveur : ils s'étaient réservé la nomination aux cures et autres bénéfices qui leur appartenaient et n'entretenaient, du reste, aucune relation avec les religieux, qui se maintinrent dans le monastère jusqu'en 1763. A cette époque la mense conventuelle de Saint-Josse fut réunie à celle de Saint-Sauve, et ces maisons, toutes deux de l'ordre de St-Benoît et de la congrégation de Saint-Maur, n'en formèrent qu'une seule jusqu'en 1790.

Nous avons toutefois découvert l'époque de la nomination du dernier abbé, Michel de Curières Castelnau de Saint-Côme ; elle est du 20 octobre 1788. Il fit dresser par son receveur, en 1790, sur la demande du gouvernement, un état des revenus et des charges de son bénéfice. Il en résulte que son titre d'abbé lui valait 15,000 livres. La part de revenu afférente à la mense conventuelle unie, comme on vient de le dire, à celle de Saint-Sauve, s'élevait à 10,731 livres.

Ce monastère, dont les rentes annuelles s'élevaient dès lors à 26,231 livres, n'était pas riche en biens-fonds, mais il percevait les dîmes en totalité ou en partie sur environ trente villages ; sur d'autres il prélevait diverses censives, exerçait le droit de terrage, de relief, etc., mais il était chargé de portions congrues, des reconstructions et réparations du chœur d'un grand nombre d'églises paroissiales.

On conservait dans le trésor de l'abbaye de Saint-Josse un calice que l'on disait être celui dont se servait le Saint le jour où parut la main qui le bénit pendant la célébration du sacrifice de la messe. Il était d'un métal formé d'étaing et d'or, et avait huit ou neuf pouces d'élévation. La coupe basse et large, portait deux anses ; les vers suivants étaient gravés à l'entour :

Cum vino mixta fit Christi sanguis et unda,
Talibus his sumptis salvatur quisque fidelis.

Le sens de ces paroles fait conjecturer que ce calice remonte au temps où l'on donnait la communion sous les deux espèces. C'est aussi pour cela, sans doute, qu'il avait deux anses, afin que le diacre pût le tenir des deux mains, en donnant le précieux sang aux fidèles, et éviter par là, toute profanation.

Toutefois, en plusieurs églises on avait coutume de se servir de calices de cette forme, dit le vénérable Bède, en souvenir de celui dont Notre-Seigneur s'était servi lui-même, et que l'on voyait encore de son temps à Jérusalem, vers 770 [1].

On remarquait au bas de la coupe une tête de Christ entre deux anges, et une figure de l'Agneau pascal. Saint Vaast et saint Martin étaient aussi représentés sur la tige de ce calice.

Le pied portait en relief la figure de saint Benoît, avec cette inscription : *Pater monachorum Benedictus abbas*. Cette dernière figure favorise l'opinion de ceux qui donnent à saint Josse la qualité d'abbé, vivant sous la règle de saint Benoît.

Un autre calice se trouvait à l'abbaye de Dommartin, qu'on prétendait aussi venir de saint Josse, et, de plus, certains auteurs prétendent qu'il s'en servait le jour où s'accom-

[1] Voir *Abelly*, page 150.

plit le miracle dont nous venons de parler. On peut concilier cette opinion avec la première, en rappelant l'usage alors usité d'avoir sur l'autel deux calices à la fois, un pour l'offrande du sacrifice, l'autre pour la distribution du précieux sang aux fidèles qui communiaient sous les deux espèces. Cette explication est justifiée par l'inscription qui se lit autour du calice conservé dans le trésor de l'abbaye de Dommartin : *Sumitur hic Christi sanguis, protectio mundi*, dont voici la traduction : « C'est dans cette coupe que l'on boit le sang de Jésus-Christ, répandu pour le salut du monde. » Le premier s'appelait le saint calice *Calix sanctus;* il était consacré ; le second calice ne l'était pas, et ne pouvait servir à l'oblation du saint sacrifice de la messe : on le nommait *Calice ministérial*, *calix ministerialis*, parce qu'il servait à la distribution du précieux sang. Ces deux calices ont disparu dans la Révolution, comme tant d'autres objets du culte divin.

CHAPITRE SIXIÈME.

Le corps de saint Josse a été conservé dans la suite des siècles au village de Saint-Josse-sur-Mer.

Orderic Vital, anglais de nation, religieux de l'abbaye de Saint-Evroult, de l'Ordre de saint Benoît, composa, vers l'année 1127, une histoire ecclésiastique, dans laquelle il avance que le corps de saint Josse fut enlevé secrètement de l'abbaye de Saint-Josse-sur-Mer et porté à Parnes-en-Vexin, où s'opérèrent beaucoup de miracles par son intercession. Ce fait, selon lui, se passa du temps de Henri Ier, roi de France qui régna de 1030 à 1060, c'est-à-dire environ cent ans avant l'époque où il écrivait. Il ajoute qu'il l'a trouvé dans une chronique composée par un moine nommé *Merulensis Uvillermus*. Mais son récit est tellement invraisemblable qu'il ne mérite aucune croyance, et de plus, il est en désaccord complet avec des faits dont l'authenticité ne saurait être l'objet du plus léger doute.

Voici comment Ordéric Vital rapporte l'enlèvement du corps du solitaire du Ponthieu. Les guerres qui eurent lieu au moment où les Français remirent la couronne à Hugues-Capet, forcèrent les religieux de cacher de nouveau le corps de saint Josse, pour le soustraire à la profanation. Bientôt on perdit de vue l'endroit où il avait été déposé ; ce fut Dieu lui-même qui le découvrit à un laïque, que les religieux par reconnaissance admirent dans l'abbaye, et à qui ils confièrent le soin d'entretenir la lampe qui brûlait sans cesse devant les reliques, et de recevoir les offrandes des fidèles.

Le successeur de l'abbé sous lequel tout ceci se passait n'eut pas pour l'inventeur du corps saint les égards qu'on lui témoignait jusque là. Les choses allèrent au point que cet homme prit le parti de quitter le monastère ; mais auparavant il ôta de la châsse le corps de saint Josse et l'emporta en France. Godefroy, seigneur de Commercy, l'ayant appris, s'empara de ces reliques, qu'il fit mettre dans la chapelle de son château, et dont il confia la garde à quatre chanoines qui chaque jour y célébraient l'office divin. Quelque temps après, Henri Ier, roi de France, prit d'assaut Commercy et y mit le feu, qui, se communiquant à l'église, allait réduire en cendres le précieux dépôt, lorsqu'un des chanoines l'ôta de la châsse et se hâta de le soustraire à l'action des flammes. Mais, dans sa fuite, il fut rencontré par un soldat de l'armée du roi, qui le dépouilla de son sacré fardeau, et le remit à Radulphe, duc de Parnes-en-Vexin dont il était le sujet. Radulphe, de son côté, déposa la relique dans l'église de Parnes, dédiée à saint Martin, où elle fut reçue avec un respect profond et devint l'objet d'un culte qui se perpétua dans les siècles suivants.

Foulques, fils de Radulphe et son successeur donna cette église aux religieux de l'abbaye de Saint-Evroult, au moment où Mainerius en était abbé, et où Oderic Vital écrivit cette histoire, vers 1067 [1].

[1] Voir *Abelly*, pag. 170 et suiv.

Ce récit ne peut soutenir l'examen le moins sévère. D'abord, il n'y a pas eu de guerre de quelque durée dans le Ponthieu, pendant le règne de Henri Ier, et par conséquent les religieux n'eurent aucun motif de cacher de nouveau le corps de saint Josse, dont l'invention avait été faite en 977. Mais alors même que, malgré toute vraisemblance, les moines se fussent crus dans cette nécessité, comment expliquer cette ignorance de l'endroit où la relique a été déposée, à peine trente ou quarante ans auparavant? Quand on sait le dévouement des moines pour les restes du saint fondateur, cet oubli paraît incroyable.

Comment penser ensuite qu'un laïque soit admis dans le monastère ; que la garde du saint corps et les aumônes lui soient confiés de préférence aux membres de la communauté ; qu'on le traite ensuite avec une telle rigueur, qu'il forme le projet de sortir du monastère, et dérobe les reliques, sans être aperçu par qui que ce soit ? Les aventures qui suivent ont bien plus encore l'air d'un roman : cette rencontre du seigneur de Commercy, l'incendie de son château, la fuite du chanoine arrêté par un soldat qui s'empare à son tour des reliques et les porte au duc de Parnes auquel les devra l'église de cette petite localité, sont des circonstances qu'on ne peut admettre sans des autorités graves; or elle ne reposent, comme tout ce qui les précède, que sur le témoignage d'un seul homme, dont le nom reste inconnu ; d'un personnage mystérieux dont le ciel se serait servi pour découvrir les reliques dans l'abbaye de St-Josse, et les faire arriver ensuite à Parnes par une suite d'événements extraordinaires.

Comment enfin reconnaître l'authenticité de ces reliques qu'on a plusieurs fois ôtées de la châsse où elles étaient renfermées, sans prendre aucune des précautions exigées par l'Église; qui passent des mains du ravisseur dans celles d'un seigneur, d'un soldat, d'un duc, pour être déposées en dernier lieu dans une paroisse où leur reconnaissance devenait impossible?

Ces réflexions suffiraient pour faire rejeter le récit du religieux de l'abbaye d'Evroult; mais, de plus, des faits nombreux et des témoignages irrécusables viennent lui donner un solennel démenti. Selon l'histoire du moine bénédictin, le corps fut transporté de l'abbaye de Saint-Josse à Parnes avant l'an 1060 ; eh bien ! une reconnaissance faite par Mgr Guarin, évêque d'Amiens en 1134, en présence de Guy, comte de Ponthieu, d'Etienne, comte de Boulogne, et de Robert, abbé de Saint-Josse, constate la présence de ce même corps dans l'église de Saint-Josse-sur-Mer. Une seconde reconnaissance faite en 1195, par Mgr Thibaud, également évêque d'Amiens, en présence de Guillaume, comte du Ponthieu, de Regnault, comte de Boulogne et de Hugues, abbé de Saint-Josse, amène les mêmes résultats. Une troisième reconnaissance a lieu en 1614, lors de la restauration de la châsse de saint Josse. Elle est faite par Oignon, abbé de Dommartin, chargé de cette mission par Mgr Geoffroy de la Marthonie, évêque d'Amiens, et continue la série des témoignages qui montrent de la manière la plus évidente la fausseté du récit d'Orderic Vital.

L'auteur de la *Vie des Saints du diocèse de Beauvais*, sans adopter le récit dramatique qu'on vient de lire, croit pouvoir affirmer néanmoins que l'église de Parnes-en-Vexin possède le corps du patron du Ponthieu. « Le corps de Josse, dit-il, inhumé dans une des chapelles de sa solitude, fut levé de terre, en 977, à cause des miracles opérés sur son tombeau, et exposé à la vénération des fidèles. On le transféra ensuite dans l'église du monastère qui avait remplacé l'ermitage. Cette église ne le posséda pas longtemps tout entier ; car à diverses époques, plusieurs portions en furent détachées et données à l'abbaye de Dommartin, à l'église de Saint-Josse de Paris et au monastère de Neuf-Marché, près de Gournay-en-Bray. Celles qui étaient échues aux religieux de Neuf-Marché, leur furent enlevées au moment où Henri Ier, roi de France, fit le siége de cette place, et transportées dans l'église de Parnes-en-Vexin. Ce lieu devint alors célèbre par les guérisons dues à l'intercession de Josse. Le roi Philippe Ier, atteint depuis deux ans, de la fièvre, y vint invoquer le Saint. Après avoir bu de l'eau sanctifiée par le contact de ses reliques, et prié plusieurs nuits devant la châsse, le monarque recouvra la santé. Comme témoignage de ce miracle et de sa gratitude, Philippe laissa à l'église de Parnes des marques de sa magnificence. Cette église vénère encore aujourd'hui *le corps* du Bienheureux, déposé dans un reliquaire d'argent. Le 13 décembre, jour de la fête de Saint-Josse, on distribue au peuple de petits pains bénits, en mémoire de celui qui fut donné aux quatre pauvres dans l'ermitage de Brahic. »

Si l'auteur de cette Vie de saint Josse n'avait pas dit que l'église de Parnes vénère encore aujourd'hui *le corps* de ce saint anachorète, mais seulement une parcelle de ce corps, il ne se serait pas mis en contradiction avec la tradition la plus constante et la plus universelle, ni avec les faits les plus authentiques qui constatent la présence non interrompue des restes du saint solitaire dans l'église de Saint-Josse-sur-Mer, et il n'y eût eu rien à relever dans l'abrégé qu'il nous en donne, bien qu'il ne nous apprenne pas comment et à quelle époque cette parcelle est parvenue à Parnes.

Mais nous ne pouvions laisser passer cette assertion, renouvelée d'Ordéric Vital, que *le corps* du Saint fût vénéré dans cette église, lorsque nous avons démontré qu'il n'a jamais quitté l'église de Saint-Josse-sur-Mer dans la suite des siècles passés.

Les miracles opérés en faveur de ceux qui ont imploré le secours de saint Josse à Parnes, ne prouvent pas que son *corps* y fût déposé. Ils peuvent facilement s'expliquer par la présence de la plus petite parcelle de ce corps, ou même par la présence d'un autre corps saint, en faveur duquel Dieu les fait. Le ciel exauce les prières adressées aux saints, partout où on les leur offre, et la religion tolère les prétentions opposées de certaines églises qui s'attribuent la possession de leurs reliques.

Les précieux restes de saint Josse si providentiellement conservés dans l'église de l'abbaye de ce nom, pendant près de douze cents ans, le furent d'une manière non moins admirable durant la période révolutionnaire, où périrent avec les chefs-d'œuvre de l'art religieux tant d'objets dignes de la vénération et du culte du monde entier. La châsse dont nous avons parlé, sur laquelle sont gravés les principaux faits de la vie du saint Ermite, passa ces jours mauvais sur la voûte de l'église paroissiale, grâce au courage et aux soins vigilants de MM. Wulphy Fontaine, Charles Gravelines et Jean-Baptiste Caliques qui s'empressèrent de la soustraire aux regards des vandales de l'époque, et de la tenir cachée jusqu'au rétablissement du culte public.

Ces trois honorables habitants assistèrent comme témoins à la reconnaissance de ces reliques, qui fut faite le 3 mai 1805, par Mgr de la Tour d'Auvergne Lauragais, évêque d'Arras. Sa Grandeur, qui, ce jour-là même, avait donné la confirmation à Saint-Josse, fit l'ouverture de la châsse dans l'église, en présence de M. Dubois, vicaire général, de plusieurs autres membres du clergé et de toute la population, avide de savoir ce qu'il résulterait de cette visite épiscopale. Tous les assistants furent au comble de la joie, lorsqu'on apprit que les anciens sceaux étaient intacts et les ossements dans un état de conservation parfaite. Un procès-verbal de reconnaissance des reliques fut rédigé, séance tenante, sur le lieu même, et Monseigneur permit de les exposer à la vénération des fidèles, comme elles l'avaient été depuis la mort du Saint, après en avoir extrait un os du bras qu'il partagea entre sa cathédrale et l'église de Montreuil.

Si l'on en croit les personnes les mieux informées de ce qui s'est passé dans cette journée mémorable, dont la contrée ne perdra jamais le souvenir, un parfum délicieux s'exhala de la châsse qui contenait le corps du saint Thaumaturge, et embauma l'église entière. Ce miracle qui continua pendant huit jours, fut aux yeux de tous une nouvelle preuve de l'authenticité des reliques, et une marque touchante du soin que Dieu prenait de glorifier son serviteur.

Une autre reconnaissance de ces reliques fut faite encore, le 5 juin 1843, par le même Mgr de la Tour d'Auvergne, accompagné de M. l'abbé Van Troyen, directeur du grand séminaire, du doyen de Montreuil et d'autres ecclésiastiques, auxquels plusieurs laïques s'étaient réunis pour cette pieuse solennité.

Nous croyons devoir reproduire *in extenso* les procès-verbaux de ces diverses reconnaissances constatant, de la manière la plus frappante, que le corps de saint Josse était renfermé tout entier dans la châsse conservée dans l'église paroissiale, car ils prouvent qu'Ordéric Vital et l'auteur des Vies des saints du diocèse de Beauvais ont été induits en erreur, lorsqu'ils ont écrit que le corps de ce Saint était conservé à Parnes-en-Vexin.

PROCÈS-VERBAUX

CONSTATANT

L'EXISTENCE DES RELIQUES DE SAINT JOSSE.

L'an 1805, le 3 mai, nous HUGUES-ROBERT-JEAN-CHARLES DE LA TOUR-D'AUVERGNE-LAURAGUAIS, Évêque d'Arras, étant dans le cours de nos visites épiscopales, et après avoir administré le sacrement de confirmation, dans l'église succursale de Saint-Pierre de Saint-Josse-sur-Mer, sont comparus Messieurs Vulfi Fontaine, rentier ; Charles Gravelines, tonnelier, et Jean-Baptiste Calicque, maçon ;

lesquels nous ont certifié par serment avoir conservé la châsse contenant les reliques de saint Josse, prêtre et solitaire, pendant le temps de la persécution, et l'avoir ensuite déposée dans l'église du susdit village ; nous étant fait représenter la susdite châsse, nous en avons fait l'ouverture en présence des susdits témoins et de Monsieur Jean-Baptiste Dubois, notre premier Vicaire général ; de Pierre-Antoine Parmentier, desservant, et du peuple assemblé ; et nous avons reconnu que foi devait être ajoutée aux susdits témoins ; après avoir retiré un des os inférieurs du bras que nous avons remis en mains de M. Jean-Baptiste Godefroid, prêtre vicaire de Saint-Sauve de Montreuil-sur-Mer, pour une partie être exposée publiquement dans la susdite église de Saint-Sauve, et l'autre nous être remise ; ce qui a été exécuté.

En conséquence, de notre pleine autorité, nous permettons d'exposer, comme ci-devant, à la vénération publique, la châsse dudit saint Josse, et y avons apposé intérieurement, sur les dites reliques, notre sceau épiscopal, aux extrémités d'un ruban rouge en forme de croix ; et de plus, nous avons fait sceller la porte qui se trouve au-dessous de ladite châsse.

Donné et signé le 3 mai 1805.

Pour extrait de l'original, le 3 mai 1813.

Signé, Fr. CAPY,

Prêtre desservant de Saint-Josse.

Hugues-Robert-Jean-Charles de LA TOUR-D'AUVERGNE, par la miséricorde de Dieu et la grâce du Saint-Siége Apostolique, Évêque d'Arras.

Vu le procès-verbal de la visite par nous faite des reliques de Saint-Josse-sur-Mer, lequel, rédigé dans ladite paroisse, sera déposé aux archives de notre évêché, pour y avoir recours au besoin ; après nous être assuré des précautions qui ont été prises pour conserver soigneusement lesdites reliques, convaincu de la vérité des différents témoignages de plusieurs personnes dignes de foi, qui ont constaté l'identité des reliques qui nous ont été présentées, et de celles qui, de temps immémorial ont été précédemment exposées dans l'église de la ci-devant Abbaye de Saint-Josse ; voulant autant qu'il est en nous, satisfaire aux désirs des habitants de ladite Paroisse, et entretenir leur piété, nous avons permis, et par ces présentes nous permettons, que la châsse renfermant le corps de saint Josse scellée intérieurement et extérieurement de notre sceau en cire rouge, soit exposée à la vénération des fidèles, les mêmes jours et de la même manière que dans les temps antérieurs ; nous voulons que la présente ordonnance qui sera transcrite sur les registres de la fabrique, serve d'authentique aux reliques de saint Josse déposées comme il a été dit ci-dessus, et qu'elle soit un témoignage de leur conservation et de la vénération dont elles sont dignes.

La présente sera aussi transcrite sur les registres de la fabrique de l'église paroissiale de Montreuil, chef-lieu du canton.

Donné à Neuville-sous-Montreuil, sous notre sceau, notre seing et le contre-seing du Secrétaire général de notre Évêché, le 5 du mois de mai 1805 (15 floréal an 13).

Signé ✝ CHARLES,

Évêque d'Arras.

Par mandement de Monseigneur l'illustrissime et révérendissime Évêque d'Arras.

HALLETTE, secrétaire général.

—

HUGUES-ROBERT-JEAN-CHARLES DE LA TOUR-D'AUVERGNE-LAURAGUAIS, par la miséricorde de Dieu et la grâce du Saint-Siége Apostolique, cardinal prêtre de la sainte Église Romaine, Évêque d'Arras, grand officier de l'ordre de la Légion d'honneur.

L'an de grâce 1843 et le cinquième jour du mois de juin, Nous, HUGUES-ROBERT-JEAN-CHARLES LAURAGUAIS, cardinal prêtre de la sainte Église Romaine, Évêque d'Arras, grand officier de l'ordre royal de la Légion d'honneur, accompagné de M. l'abbé Auguste-Adolphe-Adrien-Joseph VAN TROYEN, chanoine honoraire d'Arras, professeur directeur au grand séminaire, et de M. César-Alexandre OCCIS, curé de Montreuil-sur-Mer, grand doyen de l'arrondissement de ce nom, vicaire général d'Arras;

Nous sommes rendu au village de Saint-Josse, canton de Montreuil, sur l'invitation des habitants de cette commune, à l'effet de visiter la châsse de bois renfermant les ossements de saint Josse, prêtre solitaire, laquelle ayant sa planche de dessous totalement vermoulue devait être remplacée par une autre ; procédant à cette opération, nous avons reconnu que la relique de saint Josse susdit ayant beaucoup souffert de l'humidité et des insectes qui l'ont pénétrée, avait besoin d'être dépouillée de ses enveloppes pourries, pour être enveloppée dans de nouvelles étoffes.

N'ayant point trouvé les sceaux intacts, nous avons mis les ossements dans une toile neuve blanche que nous avons reliée d'un *ruban faveur rouge*, lequel nous avons scellé sur son nœud du sceau ordinaire de nos armes ; nous avons de plus enveloppé le tout d'un taffetas violet de soie que nous avons entouré 1° d'un ruban large roset au bout duquel nous avons apposé deux sceaux de nos armes ordinaires ; 2° d'un ruban large blanc et bleu scellé comme le premier.

Étaient présents à cette opération :

MM. Van Troyen et Occis, ci-dessus dénommés, Hilaire-Louis-Hubert Poultier, maire de Saint-Josse, Constant Ledieu, curé-doyen d'Étaples, Charles-François Radenne, curé d'Airon-Notre-Dame, Étienne Holleville, desservant à Merlimont, François Gillet, desservant de Cucq, Charles Delacroix, clerc laïque à Cucq et Pascal-Hégésippe Monborque, desservant de Saint-Josse, lesquels témoins ont tous individuellement signé avec nous le susdit procès-verbal pour servir et valoir ce que de raison.

Fait à Saint-Josse les jour, mois et an que dessus.

Signé : Charles, évêque d'Arras, Van Troyen, Occis, Poultier, Ledieu, Radenne, Holleville, Gillet, Monborgne et Delacroix.

Les mêmes jour et an que dessus, nous avons procédé à la seconde opération consistant dans le placement de la relique ci-dessus dans une caisse de bois de chêne faite à l'effet de la recevoir. Avant ce placement, nous avons enveloppé ladite relique d'une troisième enveloppe qui a été l'ancienne dans laquelle saint Josse était enveloppé et que nous avons jugée trop humide pour première enveloppe. Toutes les poussières, débris de linge et autres, que cette opération a procurés, ont été mis dans une caisse de chêne, clouée et scellée du sceau ordinaire de nos armes. Après quoi nous avons permis de nouveau l'exposition de ladite relique à la vénération des fidèles. Et ont signé avec nous les témoins plus haut nommés.— Saint Josse, 5 juin 1843. — † CHARLES, cardinal évêque d'Arras. — Nous ordonnons que l'original des présentes soit déposé dans la première caisse revêtue de fer blanc et renfermant celle qui contient les reliques de saint Josse. La copie sera déposée aux archives de l'église et l'original enregistré à l'Évêché.

Arras, 10 juin 1843.

† CHARLES,
Cardinal, évêque d'Arras.

CHAPITRE SEPTIÈME.

Fêtes que l'on célèbre en l'honneur de saint Josse dans la paroisse de Saint-Josse-sur-Mer.

On a vu dans les chapitres précédents que le pèlerinage, qui prit naissance à la mort même du saint patron du Ponthieu, vers 669, n'a jamais cessé d'être fréquenté, non-seulement par les habitants du pays, mais par ceux des contrées voisines ; que ce n'était pas seulement le peuple qui s'y portait avec une espèce d'enthousiasme, mais que les grands, les princes, et Charlemagne lui-même, vinrent se prosterner aux pieds de l'humble solitaire, dont les vertus et les miracles étaient universellement connus.

Ce concours des populations n'était arrêté

que par les guerres et les révolutions sociales qui mettaient en péril la vie des pèlerins. Mais quand le calme renaissait, on voyait les chemins conduisant à l'ermitage couverts de pieux fidèles, qui, pleins de foi dans l'intercession de notre Saint, venaient lui demander avec confiance les faveurs qu'ils désiraient obtenir du ciel. Le Saint, de son côté, se montra souvent si libéral, si puissant auprès de Dieu, si empressé d'exaucer les prières faites devant la châsse qui contient ses restes sacrés, que le peuple a joint à son nom celui de Bon, et ne l'appelle jamais que le *Bon-Saint-Josse*.

Le sanctuaire de Saint-Josse-sur-Mer, comme tous les sanctuaires de la France, demeura fermé pendant les jours de la Terreur, mais il s'ouvrit des premiers, au retour de la paix ; et depuis le moment surtout, où les reliques, miraculeusement conservées, furent de nouveau présentées aux hommages des fidèles, la dévotion reprit son cours ordinaire, et l'autel du Saint se vit entouré d'une foule empressée et recueillie dans les jours consacrés à son culte.

Cette dévotion n'a fait que s'accroître avec

le temps, et les développements qu'elle a pris dans les dernières années sont vraiment prodigieux. C'est par milliers que l'on compte les pèlerins dans les solennités consacrées en son honneur. On ne croit pas exagérer en portant à dix mille le nombre des personnes qui assistaient à la messe de la Trinité l'année dernière (1866). Cette affluence est comparable, on le voit, à tout ce qu'il y a de plus remarquable dans le diocèse sous ce rapport.

Disons encore que, malgré cette foule immense composée de toutes les classes de la société, tout se passe avec ordre et dans le plus grand recueillement. Il serait bien difficile que la curiosité n'eût aucune part à cette étonnante réunion, mais on peut assurer que la plupart s'y conduisent de la manière la plus édifiante et offrent un spectacle consolant au milieu des défaillances dont on est si souvent le témoin attristé.

Les fêtes célébrées actuellement en l'honneur de saint Josse sont au nombre de trois. La première a lieu le 11 juin, en souvenir de l'apparition miraculeuse d'une main qui bénit le saint solitaire, pendant qu'il disait la messe dans la chapelle de son ermitage, aujourd'hui nommé bois de Saint-Josse [1]. Cette fête s'appelle la Saint-Barnabé, à cause de la coïncidence de celle de ce saint apôtre.

La deuxième fête se célèbre le 13 décembre, jour de la mort du Bienheureux dont elle a pour but de conserver la mémoire. Ces deux premières fêtes ne durent qu'un jour. La veille, on chante le salut solennel, après lequel on se rend processionnellement à la petite chapelle ou niche pratiquée dans le mur, à côté du maître-autel, où repose la châsse du Saint ; le célébrant en ouvre les portes, encense les reliques et entonne les antiennes en usage que l'on trouvera à la fin de ce volume. Plusieurs notables de la paroisse prennent alors la châsse et la portent au milieu de l'église où une table est préparée pour la recevoir. Les fidèles viennent tour à tour pour la vénérer, la baiser pieusement, et passer par-dessous.

L'usage de passer sous la châsse remonte à l'époque de l'invention du corps de saint Josse en 977, que l'on plaça alors sur une pierre élevée et soutenue par quatre colonnettes, à l'endroit même où il avait été dé-

[1] On peut voir page 48 le récit de ce miracle.

oouvert. Les malades ne pouvant pas baiser la châsse, à cause de son élévation, passaient ou même se couchaient dessous, pour obtenir leur guérison. Un ancien auteur rapporte qu'un jeune homme aveugle y recouvra miraculeusement la vue.

Le 11 juin, après la grand'messe, on fait la procession avec la châsse dans les champs, dits les champs de l'Abbaye, parce qu'ils appartenaient autrefois au monastère de Saint-Josse. Cette cérémonie n'a pas lieu dans la fête du 13 décembre, à cause de la mauvaise saison et de la brièveté des jours. Après les offices, on reporte solennellement la châsse au lieu ordinaire.

Bien qu'elles soient célébrées avec un pieux recueillement ces deux fêtes n'offrent cependant rien de comparable à la troisième, celle de la Trinité, que l'on appelle communément le *Pèlerinage de la Croix-Coupée.* On a lu, page 44, le récit du miracle opéré par le royal pèlerin, à son retour de Rome, sur la fille du seigneur d'Airon, nommée Juliule, dans la plaine dite de Bavemont, faisant partie du territoire de cette paroisse. On se rappelle qu'une haute croix en pierre, plantée en cet endroit, en souvenir de ce prodige, avait été brisée dans sa partie supérieure par des hommes impies, puis restaurée à l'aide d'une petite croix en fer, enchâssée dans le tronc primitif, et transportée plus tard à dix minutes de l'église paroissiale par les religieux de l'abbaye.

On a vu encore que, malgré cette translation de la *Croix-Coupée,* la foule se portait en masse dans la plaine de Bavemont, que les moines y faisaient chaque année la procession le mercredi des quatre-temps de la Pentecôte, avec la châsse du Saint, suivie d'une foule de peuples, et que cette procession, fixée désormais au mardi, se fait encore de nos jours, avec une grande pompe. Il était nécessaire de rappeler ces circonstances pour l'intelligence de ce qu'on va dire sur la fête de la Trinité.

Cette fête est précédée d'une neuvaine, qui commence la veille de la Pentecôte, où la châsse est exposée avec le cérémonial usité aux deux autres fêtes.

Le jour de la Pentecôte, après la grand'-messe, on porte la châsse en procession autour du village ; le soir, vêpres et salut suivis d'une instruction. Le lundi, il y a également grand'messe, vêpres, salut et instruction.

Le mardi, grand'messe à six heures, au milieu des pèlerins qui affluent de toutes parts, mais en particulier d'Étaples, de Camiers, de Merlimont, de Berck et de Montreuil. La messe finie, les pèlerins prennent la châsse, et la procession, croix et bannières en tête, s'avance vers Bavemont, où les habitants d'Airon ont fait bâtir une chapelle et planter un calvaire, en mémoire du miracle opéré dans ce lieu et qui est représenté sur un tableau dont cette chapelle est ornée.

Dans le parcours de Saint-Josse à Bavemont, le cortége s'arrête au calvaire de Saint-Aubin, et à celui d'Airon-Notre-Dame. Les cloches des églises de ces deux paroisses sonnent à grandes volées pendant le passage de la procession.

En arrivant à Bavemont, on dépose la châsse sur un piédestal élevé, soutenu par quatre colonnes, afin que l'on puisse passer dessous ; on célèbre ensuite la sainte messe à laquelle assiste une foule de cinq ou six mille personnes. A l'Évangile, on fait un sermon de circonstance toujours écouté avec une attention profonde. Rien de plus solennel ni de plus touchant que le spectacle qu'offre cette immense assemblée s'agenouillant au moment de l'élévation de l'Hostie sainte, et se courbant devant la châsse du pieux pèlerin, au souvenir du miracle opéré par lui sur cette terre où elle se trouve. Au milieu d'elle, on remarque les personnes atteintes de toute espèce de maux, dont elles viennent demander la guérison au thaumaturge qui laisse rarement écouler une année sans accorder des faveurs singulières à ses dévoués serviteurs. Après quelques moments de repos, la procession retourne dans le même ordre à Saint-Josse en chantant des hymnes et des cantiques. Le soir de ce jour, il y a salut et instruction.

Le mercredi et le jeudi, on chante la grand'messe, et le soir, le salut suivi d'une instruction.

Le vendredi, vers dix heures du matin, on porte processionnellement la châsse dans une chapelle gracieuse et riche d'ornementation, que feu M. Poultier, alors maire de la commune, et Mlle H.... ont fait ériger, il y a quatre ans, dans le bois de Saint-Josse. Heureuse idée, d'avoir en quelque sorte fait sortir de ses ruines cette antique chapelle de l'ermitage du Saint, où il fut béni par une main miraculeuse, lorsqu'il offrait le saint sacrifice de la messe. Que de douces et salutaires pensées rappelle à l'esprit le souvenir de la présence du saint ermite dans ce lieu mystérieux !

Près de cette chapelle, coulent la fontaine aux *Chrétiens* et la fontaine aux *Chiens*, dont nous avons raconté l'origine, à la page 37, et dont les eaux ont encore une vertu salutaire, quand on en fait usage avec foi. Aussi, la plupart des pèlerins ne manquent pas d'en boire, et d'en remporter chez eux.

En s'avançant dans le bois, on se trouve en face d'un humble châlet, fait avec des troncs d'arbres recouverts de mousse, qui représente l'ermitage du saint, et que l'on doit encore à la libéralité du regrettable M. Poultier et de sa pieuse parente. Sur cette terre de souvenirs, on prie avec ferveur, et les paroles chaleureuses que le prêtre adresse à la foule dans ce lieu silencieux, font sur les cœurs la plus vive impression. Le samedi, il y a également grand'messe, salut et instruction, à l'ordinaire.

Le lendemain, dimanche de la Trinité, c'est le pèlerinage dit de la *Croix-Coupée.* Dès quatre heures du matin, les pèlerins ont envahi l'église ; la châsse et la statue du Saint sont assiégées. Des messes sont dites d'heure en heure, jusqu'à la grand'messe, où l'on prêche après l'Évangile. On se rend ensuite processionnellement à la *Croix-Coupée,* portant la châsse que la foule vénère avec un incroyable empressement. Dire ce que produit dans l'âme la vue de ce flot de peuples venus non-seulement des localités voisines, mais de Montreuil, d'Hesdin, de Boulogne, de Saint-Valéry, d'Abbeville, etc., écoutant avec une pieuse avidité la parole sainte, et donnant des marques non équivoques de foi en la protection du patron du Ponthieu, c'est chose impossible.

Les feuilles publiques en ont parlé avec enthousiasme, et ont porté cette année le nombre des pèlerins à plus de dix mille. La journée finit comme celles de la neuvaine par un salut et une instruction.

En dehors de ces trois fêtes, rarement une

semaine se passe, sans que les reliques de Saint-Josse soient visitées par quelques pèlerins, d'où il faut conclure que le pèlerinage de ce grand serviteur de Dieu est un des plus remarquables de la contrée.

M. Boijelot, curé actuel de la paroisse, a contribué puissamment au progrès de cette dévotion à saint Josse. Sa parole facile, élégante et pleine de verve, a été constamment goûtée par les nombreux pèlerins, aussi bien que par les habitants du village. Au zèle de la prédication, il joint celui de la maison de de Dieu. Par ses pressantes sollicitations, la commune, alors stimulée par l'honorable M. Poultier, s'est imposé de grands sacrifices pour arriver, avec le concours du gouvernement, à reconstruire son ancienne église, et à donner à saint Josse une demeure digne de lui.

Cette église, de style ogival, à flèche élancée, est achevée maintenant, et M. l'abbé Boijelot s'occupe de la meubler. Déjà l'on y remarque deux belles statues, de deux mètres d'élévation, l'une de saint Josse, l'autre de saint Pierre, patron primaire de la paroisse. La première repose sur un riche piédestal en chêne, sculpté par M. Courquin, artiste habile de Waast, connu par de nombreux travaux dans la contrée. On doit y placer prochainement une chaire et un confessionnal exécutés par le même M. Courquin, puis un calvaire monumental; enfin, l'on parle de vitraux qui complèteraient les décors intérieurs de cette charmante église, grâce aux dons des fidèles et aux offrandes des pèlerins qui s'accroissent chaque année.

CHAPITRE HUITIÈME.

Prières et Cantique à saint Josse.

ANTIENNES ET RÉPONS DE SAINT JOSSE.

Ant. Ave, pater gloriose, ave, sidus cœleste, decorans cœlum, nos guberna super terram, ut lætemur triumphantes, te patronum venerantes.

T. Pas. Alleluia.

℟. Sancte Judoce, Christi confessor, audi rogantes servulos : * Et impetratam cœlitus tu defer indulgentiam.

T. Pas. Alleluia.

℣. O sancte Judoce, sidus aureum Domini gratia, servorum gemitus solita suscipe clementia. * Et.

℣. Gloria Patri, et Filio, et Spiritui sancto. * Et.

℟. Hic est fratrum amator et populi Judocus, hic est qui multum orat pro civitate ista. * Cujus reliquiæ sunt in medio populi quasi ros a Domino.

℣. Benedictæ reliquiæ ejus, et ossa illius quasi herba germinabunt et quasi stillæ super herbam. * Cujus.

℣. Gloria Patri, et Filio, et Spiritui sancto. * Cujus.

℟. O Judoce, qui scriptus es in judicio temporum lenire iracundiam Domini, * Multum ora pro populo et civitate ista.

℣. Esto rector fratrum, firmamentum gentis, stabilimentum populi. * Multum.

℣. Gloria Patri, et Filio, et Spiritui sancto. * Multum.

Ant. Confessor Domini, Judoce, adstantem plebem corrobora sancta intercessione : ut qui vitiorum pondere premimur, beatitudinis tuæ gloria sublevemur, et, te duce, æterna præmia consequamur.

T. Pas. Alleluia, Alleluia.

ORAISON.

Deus qui beati Judoci patrocinium pie implorantibus petitionis effectum polliceri dignatus es : ejus, quæsumus, intercessione præsta, ut a terrenis affectibus alieni, tibi semper adhærere valeamus. Per Christum.

HYMNE.

Pontivi latebras, nemine conscio,
Illustris profugus captat amabiles ;
Uniusque Dei sollicitus, trahit
Vitam cœlitibus parem.
Hic corpus juvenis nil meritum domat ;
Potum rupe scatens unda ; parabiles
Fundit terra cibos, deliciæ quibus
Puræ cœlitus affluunt.
Regno natus erat : gens vaga piscium
Discit vel tacitis nutibus obsequi :
Et prono volucris subdita principem
Pennæ remigio colit.
Sancto quin etiam scit dare fenori :
Unum cum modica qui superest penu
Panem pauperibus quatuor erogans,
Fructu centuplici refert.
Usuram sed enim protinus uberem
Cœlestis properat reddere debitor,
Frumenti totidem navigiis bene
Panis frustula munerans.
Mosem, si videas, dixeris alterum,

Cum virgam quatiens imperat aridæ,
Saxosoque sinu prosiliens latex
Haymonis recreat sitim.
  Tantas, summe Pater, cordibus intimis
Virtutes renovet Spiritus artifex ;
Et duris lacrymas pectoribus ciens,
Sordes criminis eluat. Amen.

HYMNE.

  O novum pugnæ genus ! Ecce fratres
Ambo concordi pietate certant,
Non uter regnet, sed uter paterna
    Sceptra relinquat.
  Fraude germanum prior innocenti
Occupat, regno fugiens Judocus ;
Atque fortunæ sibi suffragantis
    Munera spernit.
  Sic minor natu potiore gaudet
Sorte ; dum calcans fragilem coronam,
Jure cœlestem duplici reportat
    Victor et hæres.
  Pauperis Christi decus æmulatur ;
Quoque sit promptus magis ad palæstram,
Abstinet cunctis, penitusque sese
    Exuit ipso.
  Dives hæc cœlo tamen est egestas.

Namque thesauros cumulat perennes,
Quos nec ærugo, neque dente vermis
Rodat iniquus.

Hanc sibi sponsam stabili Judocus
Fœderis nexu propriam dicavit :
Pro locupleti diadema spretum
Dote paciscens.

Præpotens regum moderator, unus
In tribus regnans ; meritis Judoci,
Supplicem cœtum pius ad superna
Dirige regna. Amen.

CANTIQUE

SUR LA VIE DE SAINT JOSSE,

Prince de Bretagne.

PRÊTRE ET SOLITAIRE DANS LE PONTHIEU,

Patron de la paroisse de Saint-Josse

près de Montreuil-sur-Mer.

AIR : *Or, dites-nous, Marie.*

Dans notre compagnie,
Chantons avec ardeur
La précieuse vie
De notre protecteur
Saint Josse, qui du monde
Foule aux pieds les grandeurs,
Et d'une paix profonde
Va chercher les douceurs.

Il eut, dès son enfance,
Un naturel heureux;
L'éclat de sa naissance
N'éblouit point ses yeux :
Dès sa tendre jeunesse,
Réglant tous ses désirs,
Il fait de la sagesse
Ses plus chastes plaisirs.

Par la mort de son père
Le trône étant vacant;
Judichael, son frère,
Prend le gouvernement.
Le poids de la Couronne
Le remplit de frayeur,
A Josse il l'abandonne,
Pour suivre le Seigneur.

Josse, à cette nouvelle,
S'enfuit sans hésiter ;
A la voix qui l'appelle,
Il ne peut résister.
Couronne périssable
Et pleine de dangers,
Vous n'avez rien d'aimable,
Vos biens sont passagers !

Quittant de la Bretagne
Le pouvoir souverain,
Il se met en campagne,
En simple pèlerin :
De l'humble modestie
Couvrant sa qualité,
Il ne se glorifie
Que de la pauvreté.

Il entre dans la France,
Il arrive à Paris;
Quel effet sa présence
Produit sur les esprits !
De ses vertus l'exemple
Méritera bientôt
Que l'on élève un temple
En son nom au Très-Haut.

Gouverneur de province,
Haymon, racontez-nous
Comment ce jeune prince
Fut introduit chez vous ?
Dites-nous les merveilles
Qu'il cachait avec soin,
Ses travaux et ses veilles ;
Vous en fûtes témoin ?

La sainteté de Josse
Le fit tant respecter,
Qu'Haymon au sacerdoce
L'engagea de monter :
Alors brûlant de zèle
Pour la religion,
Vit-on plus beau modèle
De la perfection ?

Affreuse solitude,
Bois, rochers du Ponthieu,
Chez vous sa seule étude,
Fut la loi de son Dieu :
Dans ses saints exercices
Employant jour et nuit,
Il goûtait les délices
Du cœur et de l'esprit.

Toujours dans sa retraite,
Par de nobles transports,
Il punit, il maltraite
Sévèrement son corps :
Chaque instant de sa vie
S'immolant au Seigneur,
Il devient une hostie
D'une agréableodeur,

L'orphelin misérable,
Dans ses nécessités,
Vers le saint charitable,
Accourt de tous côtés :
Sa charité suprême
Ne sait se ménager,
Il donne son pain même,
Et n'a rien à manger.

Grand Dieu, la récompense
Qu'il reçoit de ta main,
Lui rend, en abondance,
L'usure de ce pain :
Quatre barques chargées
D'aliments différents,
A sa porte arrivées,
Sont les dignes présents.

Que d'étonnants spectacles
Viennent frapper nos yeux !
Que d'insignes miracles
Il opère en ces lieux !
Il fait voir la lumière,
Il obtient pour Haymon
Une source d'eau claire,
Et chasse le démon.

Une heureuse vieillesse
Ranime sa ferveur,
Ses vœux tendent sans cesse
A s'unir au Seigneur.
Il meurt ; et dans la gloire
Son âme va goûter
Le prix de la victoire
Qu'il a su remporter.

Grand Saint ! dans nos misères,
Viens à notre secours,
Écoute nos prières,
Protége-nous toujours ;
Fais que ta sainte vie
Excite dans nos cœurs
Une haine infinie
Des biens et des honneurs.

TABLE DES MATIÈRES.

Arras — Typographie Rousseau Leroy.

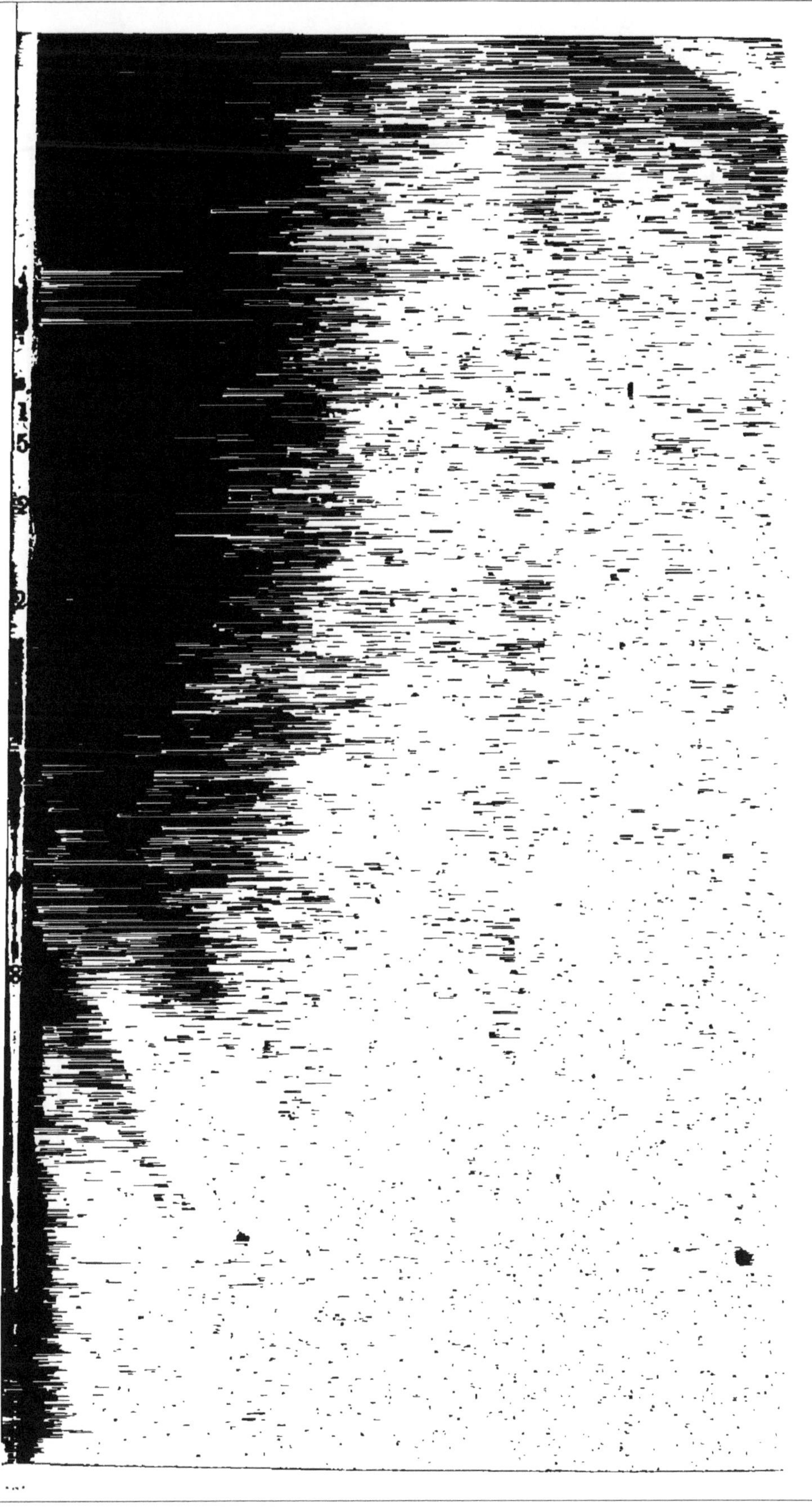

Arras. —Typ. Rousseau-Leroy.

www.ingramcontent.com/pod-product-compliance
Ingram Content Group UK Ltd.
Pitfield, Milton Keynes, MK11 3LW, UK
UKHW012224240726
13966UKWH00003B/939